MOCTEZUMA

JOSÉ LUIS TRUEBA LARA

MOCTEZUMA

OCEANO

·MOCTEZUMA

© 2018, José Luis Trueba Lara

Diseño de portada: Jorge Garnica / Poetry of Magic
Fotografía del autor: cortesía de FES ACATLÁN / Ramón San Andrés R.

D. R. © 2018, Editorial Océano de México, S.A. de C.V.
Homero 1500 - 402, Col. Polanco
Miguel Hidalgo, 11560, Ciudad de México
info@oceano.com.mx

Primera reimpresión: septiembre, 2018

ISBN: 978-607-527-598-7

Impreso en México / Printed in Mexico

Este libro es para Patty y Demián,
los únicos dueños de las palabras que todo lo sanan,
las únicas presencias que todo lo curan

La diferencia entre ficción y no ficción no es tan grande. Lo que las distingue y separa es que una tiene que decir la verdad y la otra puede imaginarla.

GAY TALESE
ABC, junio de 2012

Primera parte

I

La oscuridad de la habitación estaba a punto de devorar a Xochicuéyetl. La mujer del soberano avanzaba hacia la primera caverna, el reino de la muerte que se transforma en vida la esperaba sin ansia. Sin importar lo que pasara, ella se adentraría en su territorio. A pesar de los dolores no podía negarse a caminar hacia la negrura que recibiría la encarnación de la semilla más antigua, la que fue amasada junto con la sangre del dios que se rajó el pene para regalarle sus almas. Los hombres eran de maíz, pero sus tres espíritus venían de ese sacrificio. El ritual donde se enfrentaban la vida y la muerte estaba a punto de comenzar, el prisionero que encarcelaba su vientre moriría en sus entrañas y renacería en este mundo.

Un paso casi tembloroso le permitió acercarse para descubrir el sitio al que jamás había entrado. Las mujeres que estaban secas por dentro no podían profanarlo. Ellas eran como los campos que se desprecian sin remordimientos, un vientre yermo apenas merecía un escupitajo. Las vigas que detenían el techo estaban tiznadas y en las paredes ningún adorno se oponía al tezontle. La piedra, escarlata y porosa, era idéntica al color que los dioses exigían en las batallas y los sacrificios. El piso había sido barrido con gran cuidado; los petates que lo cubrían, enrollados y ocultos en algún recoveco del palacio de Axayácatl. El mandamiento no podía ser desobedecido, no debía quedar ninguna huella de la sangre que pronto se derramaría. El humo del copal que se consumía en el brasero se aferraba a la rugosidad de los muros y trazaba delgadas nubes. El fuego se había encendido desde el preciso instante en que se iniciaron las contracciones de su vientre.

Adentro sólo estaban las mujeres que esperaban su llegada. Su madre y algunas de las otras esposas de Axayácatl guardaban silencio. Una palabra invocaría la desgracia. Las lenguas tenían que quedarse firmes hasta que terminara el combate que ocurría en sus adentros. Todos los ojos estaban fijos en el piso, en las afiladísimas navajas que penetrarían en el cuerpo de Xochicuéyetl. Si el que estaba por nacer se aferraba al vientre de su madre, su cuerpo sería despedazado con tal de salvarla. La vida del crío era importante, pero la de la parturienta era más, su existencia era una de las garantías de la alianza pactada entre Axayácatl, el Tlatoani de Tenochtitlan, y su padre, el Señor de Iztapalapa.

Los pasos de Xochicuéyetl eran lentos. De cuando en cuando, las contracciones la obligaban a detenerse y aferrarse del brazo de la comadrona que estaba a su lado; los dedos firmes emblanquecían la piel de la anciana. El cuerpo de la parturienta olía a hierbas y su cabello seguía húmedo. Las gotas de agua perfumada se fundían con el sudor que recorría su frente. El calor del temazcal aún la arropaba, pero la soltura de sus músculos se perdía a cada paso. Cada vez que sus entrañas se retorcían, la tensión volvía con toda la fuerza.

*

La batalla entre la vida y la muerte se había iniciado, pero ella se sentía tranquila; el sabor del agua en la que habían hervido una cola de tlacuache la ayudaba en las contracciones y sanaba algunos de sus dolores, y Xochicuéyetl también contaba con el amparo de los dioses. Ella había cumplido con los rituales desde que las sangres se fueran de su sexo, los discursos se pronunciaron en la fecha precisa y jamás se comió un tamal que se quedara pegado en la olla, cada vez que los desenvolvía miraba con cuidado las hojas de maíz para descubrir un error de los sirvientes del palacio. Si lo hubiera llevado a su boca, su hijo se quedaría unido a su vientre. Tampoco se alimentó con corazones de guajolote y sus labios sólo sintieron el sabor de las tortillas que se palmearon con las más pequeñas bolitas de masa. La cabeza de su hijo tenía que ser chiquita para que no se atorara. También se alejó de las miradas que podían dañarla, los que le deseaban el mal asesinarían a su hijo con la ojeriza y los que tenían la vista muy fuerte podían herirlo incluso sin desearlo. Si esto pasaba, el niño nacería con la mollera hundida y por ahí se escaparían sus almas, la del corazón, la del hígado y la que se guardaba en su cabeza. Por más que la curandera le soplara en la quijada y los párpados, la coronilla nunca se levantaría y la huesuda se adueñaría de su cuerpo. Su madre siempre tenía razón. Por eso, bajo su ropa tenía amarrada una semilla idéntica a un ojo de venado y a su lado colgaba el diminuto cuerpo de un colibrí disecado.

Cuando naciera, su hijo tendría que convertirse en la encarnación de Huitzilopochtli, el dios guerrero que fue parido por Coatlicue al principio de los tiempos. Valía más que así fuera, de otra manera viviría con espinazo curvo y el sabor de la tierra en los labios. Sin embargo, nadie debía darse cuenta de sus planes. Bajo las impecables maneras de los habitantes del palacio corrían los ríos de fuego que deseaban la desgracia a los que podían aspirar al trono. A los más de cien hijos de Axayácatl se sumaría otro, un peligro para algunos, un enemigo para los envidiosos, una insignificancia para los que se creían seguros. La vida que estaba a punto de llegar al mundo no estaba libre de emboscadas.

Los días de Xochicuéyetl podrían cambiar después del parto, hasta ese momento sólo había sido una más en la fila de las mujeres soberano. Apenas destacaba, por lo que muy pocos sabían y unos cuantos intuían. Lo que ocurría en la oscuridad de las habitaciones del palacio era un murmullo que ocultaba las maldiciones; pero, si su hijo se sentaba en el trono cubierto con pieles de jaguar, ella podría ser la primera y las demás —si es que sobrevivían a su ascenso— tendrían que inclinarse ante su presencia.

*

Cuando llegaron a uno de los rincones de la habitación, la partera desvistió a Xochicuéyetl. Las prendas tejidas con las fibras de las hojas más tiernas de los magueyes se quedaron en el suelo. Los bordados con los símbolos de Coatlicue apenas podían distinguirse. Nadie podía descubrir sus anhelos. Ante las otras mujeres de Axayácatl, su hijo nunca se revelaría como la encarnación de Huitzilopochtli. Eso sería muy peligroso, sólo lo acercaría al conjuro terrible y la mirada que lo secaría por dentro gracias a las hechicerías. El niño tendría que aprender a fijar sus pupilas en el piso hasta que llegara el momento de levantar sus armas. La preferida de Axayácatl conocía el secreto del poder: al trono de Tenochtitlan sólo se llegaba por el camino del asesinato y la traición, la grandeza estaba reservada para los supervivientes.

*

Lentamente, la anciana la ayudó a ponerse en cuclillas y se colocó a sus espaldas. El murmullo de la partera empezó a adueñarse de la habitación. Su voz incomprensible invocaba a la divinidad precisa y buscaba las palabras que la ayudarían. Así siguió hasta que la claridad se adueñó de su boca.

—Haz fuerza —dijo—, haz fuerza con el caño de la madre para que salga la criatura. Transfórmate en una guerrera, conviértete en un águila, en un jaguar. Puja, desafía a la calavera, véncela, tírala al piso… patéala para que se largue.

Xochicuéyetl obedecía sus órdenes.

Ella tenía que parir, ése era su destino, ésa era su obligación.

Poco a poco el niño comenzó a asomarse al mundo mientras las venas del cuello de Xochicuéyetl se tensaban como los mecates que sostenían las piedras que daban forma a los templos. El hijo de Axayácatl nació sin problemas y sin que la muerte lo reclamara.

Después de los primeros chillidos, la partera lo tomó y le entregó los símbolos de su destino, un pequeño escudo y una flecha diminuta. Los ojos de todas estaban pendientes de lo que sucedería, el rechazo de la guerra condenaría al recién nacido e invocaría a las sombras que tratarían de apoderarse de Tenochtitlan. Los hijos de Axayácatl sólo podían tener dos destinos: el cuchillo que alimentaba a los dioses en los altares y la sangre que se derramaba en las batallas. Si el recién parido los rechazaba, los rivales pronto descubrirían que la debilidad había llegado al palacio del Tlatoani.

Pero nada pasó, las pequeñas manos se cerraron al sentir el escudo y la flecha.

Entonces se inició su primer sacrificio, la comadrona colocó el cordón umbilical sobre una mazorca y lo cortó con un tajo preciso. La sangre corrió entre los granos y la vieja lamió el filo de la obsidiana. Su lengua se apoderó de una parte de sus espíritus. El murmullo que brotaba de sus labios aún no tenía la fuerza para quebrar el silencio y sólo se interrumpió cuando sus dedos tomaron la tripa azulosa. El nudo fue impecable, nunca necesitaría colocar una semilla en la cicatriz para garantizar la redondez de su ombligo.

El niño lloraba y el agua comenzó a recorrer su cuerpo para limpiarlo de los restos del cadáver que aún lo arropaban. Los partos siempre eran una muerte y una resurrección.

—Un poco más… puja, vuelve a pujar —dijo la partera.

No tuvo que esperar mucho, un golpe seco se adueñó del lugar.

Con cuidado tomó la placenta y sus ojos la recorrieron para descubrir si estaba entera. Si faltaba un trozo, los días de

Xochicuéyetl estarían contados, ningún curandero podría derrotar las llamas que consumirían su cuerpo.

Con un gesto ceremonial, tomó la delgada tripa y la guardó en una caja labrada. Ahí permanecería hasta que uno de los guerreros la enterrara en el campo de batalla para que floreciera mientras se alimentaba con los cuerpos de los caídos. A su lado colocó la mazorca ensangrentada y el pequeño mechón que había cortado del centro de la cabeza del niño. Ya habría tiempo para atarlo con el más rojo de los hilos. Esos cabellos eran el fuego de sus almas, la encarnación de la vitalidad que se conservaría hasta que su vida se apagara. La placenta también fue guardada, tenía que ser devuelta a la tierra para que las plantas renacieran.

*

La partera ayudó a Xochicuéyetl para que se levantara y acarició su mejilla.

—Fuiste un jaguar y un águila, fuiste una guerrera… ganaste, estás viva y él patalea con fuerza —murmuró a su oído.

Su mirada era clara, su sonrisa nada ocultaba.

La voz regresó a la boca de las mujeres, sus gritos eran idénticos a los alaridos de los soldados en la batalla. Xochicuéyetl había derrotado a la muerte. Sólo después de que los aullidos enmudecieron, las palabras brotaron para desear que los dioses eligieran una buena ruta para el recién parido. Ninguna se atrevió a mencionar la fecha. El momento del parto debía permanecer oculto hasta que los lectores de los augurios determinaran el signo preciso que iluminaría su vida. El hijo del Señor de Tenochtitlan no podía llegar al mundo en un amanecer cualquiera o en uno de los días que estaban marcados por los símbolos funestos. La fecha exacta debía ser olvidada, y si alguien se atrevía a recordarla, su vida terminaría antes de que pudiera pronunciarla.

Xochicuéyetl apenas podía escucharlas. Estaba cansada, había derrotado a las fuerzas del inframundo y su cadáver no tendría que ser protegido por los guerreros de Axayácatl. Nadie trataría de robar su cuerpo para arrancarle un dedo con tal protegerse en las batallas, ningún malvado le trozaría un brazo para utilizarlo como amuleto, y su cabello, grueso y negro, tampoco sería cortado con todo y la piel que lo sostenía. Los ladrones que se metían en las casas gracias a la invisibilidad que nacía de sus poderes no profanarían sus despojos.

Estaba viva, eso era lo más importante.

Tomó a su hijo y volvió a caminar hacia el temazcal donde le limpiarían las inmundicias del alumbramiento. Las manchas de su cuerpo eran de temerse, las recién paridas eran muy peligrosas, sólo después de que fueran purificadas era seguro acercarse a ellas.

Sus ojos lo buscaron en vano. Axayácatl no la esperaba en el corredor del palacio y muchos conocerían a su hijo antes de que él lo viera. El Tlatoani, el gran Señor, el amo de las tierras y los hombres tenía cosas más importantes que hacer. El imperio era más valioso que el recién nacido y lo que sucedía en la alcoba no podía ser revelado, la intimidad y las pasiones no podían contarse sin miedo.

*

Siguió avanzando, tenía que mostrar su victoria aunque su mirada buscaba el consuelo del piso. Entonces la vio. Viento de la Noche la observaba, sus ojos trataban de encontrar el rostro del niño. Xochicuéyetl lo abrazó y puso la mano sobre su rostro. Eso era lo único que podía hacer, el hilo rojo aún no estaba atado en su muñeca y la ojeriza podía matarlo. El deseo de tener una cuenta de ámbar ardió en sus almas. Esa mirada era mala, perversa. Viento de la Noche nunca engendraría un hijo del Señor de Tenochtitlan, ella —mordida por las serpientes del resentimiento y el rencor— sólo le deseaba el mal que hundía sus raíces en el asesinato siempre anhelado y jamás cumplido. Después de la primera noche que estuvieron juntos, Axayácatl no volvió a acercársele. Los susurros no mentían: sólo la había penetrado para ratificar la pálida alianza con Moquihuixtli, el Señor de Tlatelolco. El Tlatoani, cuando las sombras se adueñaban del palacio y nadie podía verlo, prefería ir a otros lechos para buscar a las mujeres que no se quedaban tiesas mientras él se movía y trataba de esquivar su mirada. Él, aunque jamás lo dijera, sabía que la muerte se ocultaba entre las piernas de Viento de la Noche.

Xochicuéyetl apuró el paso sin devolverle la mirada a la hija de Moquihuixtli, sus pupilas podían envenenarle la leche. A pesar del agotamiento y la felicidad, ella conocía el futuro que la asechaba: su hijo sólo podría vivir si los puñales se adentraban en el cuerpo de Viento de la Noche; pero eso jamás ocurriría, la paz con los tlatelolcas era más valiosa que su existencia. Las maravillas de su boca no eran suficientes para cambiar los planes de Axayácatl.

*

Tlatelolco era un peligro para Axayácatl. La cercanía de los enemigos frenaba sus planes y ensombrecía la vida en Tenochtitlan. Cada vez que las tropas salían de la ciudad, el fantasma del ataque se asomaba en la orilla del lago. Las grandes conquistas estaban casi detenidas y los aliados murmuraban sobre la debilidad del Tlatoani. Axayácatl sólo tenía una opción, aceptar la paz que seguramente traicionaría Moquihuixtli.

Las negociaciones del acuerdo no tardaron más de lo necesario y ambos recibieron los cuerpos que lo ratificaban. Moquihuixtli no dudó al elegir a Viento de la Noche, su hija era un peligro para el Señor de Tenochtitlan; Axayácatl tampoco tuvo problemas al señalar a una de sus hermanas. Chalchiuhnenetzin era fea, su aliento era idéntico al de los zopilotes y su pecho estaba marcado por huesos que reclamaban mejores carnes. Ella era una ofensa, una confirmación de que la paz no duraría mucho. Las únicas virtudes de Chalchiuhnenetzin eran sus oídos y su memoria.

El día que Axayácatl recibió a la hija de Moquihuixtli, su rostro estuvo a punto de traicionarlo; por más que trató de evitarlo, el asco lo obligó a fruncir la nariz. Ella se pintaba los dientes de negro y tenía el cuerpo labrado con escaras y tatuajes. Su cabello jamás estaba recogido y la ropa apenas cubría sus caderas. Su piel no era tersa como la de las mexicas, su desnudez exponía ante todos el vaivén de sus pechos y su boca era un abismo que anunciaba el inframundo. Viento de la Noche era la encarnación de lo nauseabundo. A pesar de esto, él tenía que cumplir con lo pactado. Aquella noche llegó a su habitación y se adentró en su sexo mientras ella lo miraba sin parpadear. Cada una de sus embestidas chocaba con las pupilas que le secaban las almas. Eyaculó sin placer y la abandonó sin decir una palabra, no podía permanecer más tiempo a su lado. Axayácatl tuvo miedo. Sin detenerse a mirarla volvió a sus aposentos y durmió sin compañía. En la oscuridad, los sueños le revelaron la verdad: el vello que crecía entre las piernas de Viento de la Noche se transformó en un nido de arañas y alacranes negros.

Axayácatl jamás regresó a su lecho. La mujer de Tlatelolco era una hechicera y valía más no acercarse. Varias veces estuvo a punto de ordenar que su vida se apagara, uno de sus guerreros o alguno de los nahuales podía terminar con ella; pero esos deseos no se cumplirían sin afrontar las consecuencias. La guerra contra Moquihuixtli era un riesgo que debía evitarse y sus miedos tampoco podían revelarse, una señal de debilidad sería suficiente para que sus enemigos levantaran las armas.

Viento de la Noche se convirtió en una cautiva, podía caminar por el palacio sin que nadie la detuviera, pero no debía poner un pie en las cocinas ni en los graneros. Su presencia sería suficiente para que el soberano muriera envenenado o las mazorcas se llenaran de gorgojos.

II

Trece veces el sol recorrió el cielo antes de que Axayácatl conociera a su hijo. La curiosidad valía menos que los reclamos del poder. Sus mujeres ya habían parido antes, y seguirían haciéndolo para cumplir su destino: una garantía, un tributo, una voluntad domada que se encarnaba entre los vellos de su sexo. Ante los cortesanos debía quedar claro que el lloriqueo sólo era admisible en los cobardes a los que les temblaban las piernas en el momento de tomar una decisión de muerte.

Cuando Xochicuéyetl terminó de parir, Axayácatl apenas supo lo que tenía que saber, los detalles del alumbramiento le fueron susurrados mientras caminaba hacia el lugar donde se reuniría con sus consejeros. El sacerdote apenas dijo lo indispensable, sólo se atrevió a exagerar el momento en que su hijo tomó la flecha y el escudo. La pequeña mano se transformó en la garra que derrotaría a los rivales. El Tlatoani permaneció impasible, la felicidad y el llanto estaban prohibidos.

*

Después del parto, Xochicuéyetl tenía que esperar. Al principio, su soledad fue absoluta, las sirvientas del palacio sólo se acercaban para dejarle comida y llevarse los trastos sucios.

Sus manos apenas se adivinaban cuando levantaban la cortina para deslizar los platos y el chiquihuite que guardaba las tortillas. Nadie debía verla, ninguno podía mirar a su hijo. La muerte se escondía en los corredores, Viento de la Noche no era la única que anhelaba el fin de sus días.

Así siguió hasta que llegó el sacerdote. El servidor de los dioses entró sin pedir permiso ni anunciar su visita. Él sólo llegaba cuando debía llegar. Su cuerpo estaba teñido con la sangre de los sacrificados y tenía el cabello casi pegado al cráneo por los coágulos. Sus uñas largas habían perdido la blancura y sus dientes limados se habían transformado en los de una fiera. La pestilencia de los altares se apoderó del espacio. Su piel enrojecida era el contraste perfecto para sus collares, las cuentas verdes y las conchas inmaculadas chocaban con el tono de la muerte que se había llevado a los que entregaban su corazón a los dioses.

Sin decir una sola palabra, tomó al recién nacido, lo colocó sobre un petate y lo desnudó sin rudeza. Sus manos lo palparon y sus pupilas se detuvieron en su cabeza. La mollera estaba en su sitio, sus almas no corrían peligro.

—Tiene la mirada ceñuda como su abuelo —dijo a Xochicuéyetl sin detenerse a observarla.

La voz del sacerdote era cavernosa. Lo que respondiera la madre no tenía sentido, de su garganta había brotado la primera profecía: ese niño tendría la gloria de su ancestro.

Mazacóatl comenzó a desplegar el libro de los augurios. Las páginas de piel de venado estaban marcadas por el rojo y el negro, el resto de los colores se subordinaban a sus trazos.

—Éste será el día de su nacimiento —dijo mientras señalaba uno de los símbolos.

Xochicuéyetl asintió.

La fecha no podía ser mejor elegida. Durante tres días, todos fingirían que el niño aún no había nacido.

Mazacóatl comenzó a doblar el libro y, antes de guardarlo, su mano se adentró en el morral que colgaba del hombro.

—Ten —murmuró a Xochicuéyetl—, tú sabes que los necesita… el mal siempre está suelto.

La madre agradeció con la mirada.

Antes de que el sacerdote partiera, Xochicuéyetl anudó uno de los hilos rojos en la muñeca del niño. Sus ojos se detuvieron en la cuenta que colgaba de él. El otro hilo lo ató en su tobillo derecho.

*

Durante tres días, el fuego ardió en los aposentos de Xochicuéyetl para cuidar la buena ventura de su hijo. Las llamas fortalecerían sus almas, los hilos rojos y la cuenta de ámbar lo protegerían de los males. Las plegarias de su madre fueron escuchadas, el niño sobreviviría.

*

Cuando la lumbre se extinguió en los braceros, las visitas comenzaron a llegar. Los nobles y los guerreros, algunos comerciantes y varios de los cortesanos se presentaron para celebrar el nacimiento. Todos se habían untado ceniza en las rodillas y las coyunturas, el calor que desprendían las mujeres recién paridas podía ablandárselas. Ninguno se atrevió a acercarse al bebé, las miradas estaban prohibidas.

Las visitas parecían eternas, ni siquiera se detenían mientras amamantaba a su hijo. Las palabras que repetían los buenos augurios se fundieron en un sonido monocorde que la obligaba a mantener una frágil sonrisa.

Todo parecía marchar de acuerdo con el ritual; sin embargo, un poco antes de que la oscuridad cubriera el cielo, Viento de la Noche se presentó ante Xochicuéyetl.

—Que su futuro no sea negro, nadie sabe cuándo se romperá el hilo de la vida —dijo con una voz apenas audible.

Su mano tatuada se acercó al cordón que sostenía la cuenta, los ojos de Xochicuéyetl se transformaron en pedernales.

—Mi hijo vivirá y pronto lo conocerán los grandes señores, tus ojos nada pueden contra el destino —respondió Xochicuéyetl. La confianza en los amuletos y la ceremonia que pronto ocurriría le daban la fuerza para enfrentarla.

*

Durante aquellos días, mientras el sol recorría el cielo alimentado con la sangre de las codornices degolladas y los corazones de los cautivos, los consejeros de Axayácatl se esforzaban para preparar la ceremonia. Los dioses y los hombres estaban al pendiente de lo que sucedería. El nacimiento de su nuevo hijo era la última oportunidad para que Moquihuixtli, el Señor de Tlatelolco, se arrodillara ante el Tlatoani. La situación era difícil, el sexo de Viento de la Noche no había logrado mantener la paz, y la alianza entre los mexicas y los tlatelolcas valía menos que un esputo. Moquihuixtli tenía que lamer el suelo, sólo así quedaría sujeto, y el Señor de Señores podría avanzar con sus tropas más allá de las montañas sin temor a que lo acuchillaran por la espalda.

Nada podía fallar, el recién parido quizás ocuparía el trono. Un error podía transformarse en un vaticinio funesto, en una señal que liberaría las lenguas y fortalecería a los rivales; allá, en sus guaridas, los enemigos y los traidores esperaban una falta que anunciara la caída de Axayácatl.

*

Los sirvientes del palacio sintieron el dolor de la furia por nimiedades. Un piso mal barrido o una pluma que no estaba en la posición correcta eran suficiente para que los palos y las espinas cayeran sobre su espalda. Más de uno perdió la vida por una falta que se convirtió en imperdonable. Su existencia nada valía. Los viejos que sabían leer los signos del tiempo habían determinado la fecha precisa, y antes de que la sala del palacio se abriera, los braceros recibieron el copal y las esferas de zacate que estaban tintas de sangre. Los dioses debían estar satisfechos antes de que la ceremonia comenzara.

*

Al fondo de la sala estaba el trono, las pieles de jaguar lo distinguían. Ahí sólo podía sentarse el Señor de Señores, el Amo del Ombligo de la Luna, la personificación de Huitzilopochtli, el huey Tlatoani de Tenochtitlan. Poco a poco, los sacerdotes y los adivinos, los guerreros y los nobles ocuparon los lugares que tenían señalados. Cerca de ellos se encontraban los soberanos de los pueblos aliados y los que estaban a punto de traicionarlo.

Moquihuixtli también ocupaba su lugar en el recinto. Su cuerpo estaba pintado de negro y alrededor de sus ojos los sacerdotes le habían trazado círculos rojos. Tenía la espalda cubierta con un cuero de jaguar y de su cuello pendía un collar donde los dientes de la fiera se intercalaban con pequeños espejos de obsidiana. Su arreglo estaba calculado, él era el dios, el guerrero, la encarnación de la batalla, la personificación del que todo lo da y todo lo quita. Él era la soberbia que nunca se inclinaría ante Axayácatl. Muchos de los soberanos se acercaron y lo tomaron del brazo. Los hombres del Tlatoani los observaban, cada uno de sus movimientos delataba una traición, una alianza que podría convertirse en miles de guerreros.

*

Todos debían esperar el momento indicado para que entrara el recién nacido y el Tlatoani se dignara mirarlo. La sangre del niño no era como todas, por sus venas se deslizaba el vestigio de los que se habían sentado en el trono; en los ríos escarlatas de su cuerpo también estaba la impronta de su abuelo, el primer Moctezuma, el guerrero que derrotó al Señor de Azcapotzalco, y que, cuando tomó la corona de Tenochtitlan, instauró las guerras floridas para alimentar a los dioses y ahuyentar las sequías. La sangre de la batalla y los altares eran imprescindible para que las milpas se dieran y las mazorcas se llenaran de granos. El recién alumbrado no era un cualquiera, era un pipiltin entre los pillis, un noble entre los nobles.

En el preciso instante en que el niño entró a la sala en brazos del sacerdote, las miradas comenzaron a seguirlo. Los aliados y los enemigos, los traidores y los leales trataban de descifrarlo. Los coágulos de los sacrificados trazaban su curso en el torso del hombre que alimentaba a los dioses. Decenas habían entregado su corazón en los templos de Tenochtitlan para que los señores del universo se sintieran satisfechos y se dignaran cobijar al niño.

Axayácatl lo observó con calma sin que los músculos de su rostro se movieran. El prepucio del niño tenía las marcas de la sangre y sus lóbulos mostraban los cortes de las navajas que habían atestiguado su sacrificio. Le dio la bienvenida al mundo y le habló de las penas que enfrentaría, de los dolores que marcarían su vida y de la imposibilidad de negarse a recorrer el camino que le había sido trazado: su vida sólo tendría sentido en la guerra y los altares.

—Tú alimentarás a los dioses —dijo antes de guardar silencio durante unos instantes.

El momento definitivo había comenzado.

Poco a poco, los sirvientes del palacio entraron con los regalos para los invitados. Los penachos que emborrachaban la vista, los bezotes, las orejeras y los escudos eran la muestra de su poder y su riqueza. Ninguno se quedó con las manos vacías y Moquihuixtli, el último que recibió un presente, tuvo que aceptar el más valioso, la manta que robó la luz de los ojos a treinta mujeres. Su trama y su urdimbre eran tan delicadas que la ceguera de muchas fue el precio de su creación.

Cuando los mandones tuvieron los regalos en sus manos, Axayácatl volvió a tomar la palabra. Su voz era sutil y áspera, absolutamente limpia y profundamente oscura, sin que la contradicción se asomara. El Tlatoani tenía que obligar a Moquihuixtli a que se rindiera. La amenaza velada y la falsa pobreza eran más poderosas que la paz que apenas pudo pactarse en los cuerpos de Viento de la Noche y Chalchiuhnenetzin.

—Bienvenido seas —dijo a su hijo mientras sus ojos se clavaban en Moquihuixtli—, los dioses te hicieron llegar a una casa pobre, a un lugar donde los nobles sólo somos carne y huesos, al sitio donde las tortillas escasean y las armas apenas se muestran. Nosotros somos débiles y los demás son fuertes. Tú no naciste en un lugar privilegiado donde los grandes señores son idénticos al dios del espejo oscuro y los dientes de jaguar, tú no eres rico y poderoso como ellos. Pero esos señores, con su infinita piedad, tal vez te darán lo que yo no puedo darte. Mi pobreza es mucha y su riqueza es más grande que los montes; sin embargo, ellos bajarán su mirada y sentirán el sabor de la tierra en sus labios para entregarte sus armas. Ellos tienen que inclinarse ante tu miseria y tu oferta de paz... los miserables también podemos defendernos.

Durante un instante, la ira se mostró en el rostro del Señor de Tlatelolco. Axayácatl lo había ofendido delante de todos. La falsa pobreza y la debilidad fingida eran una afrenta que no podía perdonar. Por eso, cuando llegó el momento de acercarse al Tlatoani, apenas pudo pronunciar unas cuantas palabras:

—Mi pobreza también es tuya, mi miseria también es tuya, tal vez tú puedas regalarme algo más valioso que la cobardía... el trono sería una buena opción —dijo a Axayácatl mientras sostenía su mirada.

Moquihuixtli fue el único que no se rindió ante el Señor de Tenochtitlan. Los otros bajaron la cabeza y tocaron el piso para llevarse los dedos a la boca. Todos fueron sumisos menos el Amo de Tlatelolco.

La manta quedó abandonada a los pies de Axayácatl, la guerra quizás estaba a punto de iniciarse.

—Tú la necesitas más que yo —dijo Moquihuixtli antes de darle la espalda y abandonar el recinto.

A partir de ese momento ya sólo hacía falta un pretexto, una nimiedad que se convertiría en la ofensa que refrendaría las ansias de batalla de los consejeros del Tlatoani. Mientras tanto, los almacenes del palacio debían llenarse de armas. La lucha contra los tlatelolcas debía ser rápida, en un solo combate tenía que decidirse el futuro de la isla que amenazaba a Tenochtitlan.

*

Mientras los augurios de guerra se mostraban en el horizonte, los días del recién nacido transcurrían en la penumbra. Su padre apenas reparaba en su existencia y sus encuentros siempre ocurrían con la distancia que exigían los ceremoniales. Axayácatl sabía que aún no valía la pena quererlo. ¿Para qué atarse a alguien que no se había dado? El Descarnado podía llevárselo en cualquier momento y no tendría una muerte digna como la que tuvieron sus hijos que ofrendaron su vida en las batallas contra Tlaxcala y Huejotzingo; sus cadáveres contrahechos eran el mejor ejemplo del destino heroico. El tiempo del encuentro quizá llegaría. No antes, tampoco después. Pero mientras eso ocurría, su hijo apenas se asomaba en sus pensamientos, sólo el deseo que le ardía entre las piernas lo obligaba a murmurar el nombre de su madre.

En cambio, Xochicuéyetl lo mantenía a su lado y le ofrecía el anhelo de vida de su pecho. Durante cuatro años lo alimentó y nunca recibió en su lecho a Axayácatl. Jamás lo dejó solo, las miradas y los conjuros podían arrebatárselo. Todavía era de ella y así lo seguiría siendo hasta que tuviera la edad en que sería entregado a los pajes que cuidarían sus modales. A partir de ese momento no podría llorar ni gritar, tampoco permitiría que la chipilez se apoderara de sus almas. Sus ropas y sus pasos tendrían que ser perfectos, las arrugas y los desaliños darían paso a los golpes, a los jalones de cabello, los pellizcos y el desprecio. Su hijo siempre tendría que comportarse como un pipiltin entre los pillis. Por eso estaba obligado a hablar bien, decir lo preciso y ocultar la verdad con la falsa humildad y la pobreza inexistente. De su boca jamás saldrían las palabras que pronunciaban los descastados, los macehuales que tomaban pulque y se revolcaban con las putas. Él tenía que ser el que debía ser, su mirada se clavaría en el piso cuando los grandes señores se acercaran y lo mismo ocurriría ante los ancianos, los sacerdotes y los adivinos. Él, aunque fuera un hijo de los poderosos, sería castigado si torcía lo mandado.

Se llamaba Moctezuma y su nombre no era una casualidad: él se transformaría en Señor muy severo, en el hombre de coraje, en el que se enoja súbitamente por cosas que parecen sin importancia.

*

Xochicuéyetl y Moctezuma tuvieron suerte. Cuatro años tuvieron que pasar para que la venganza llegara y Axayácatl volviera a adentrarse entre las piernas de Xochicuéyetl. Las malas miradas de Viento de la Noche por fin fueron castigadas. Las palabras a medias y los murmullos entre las mantas lograron su cometido cuando las mujeres del mercado de Tlatelolco se burlaron de los guerreros mexicas, un par de escupitajos bastaron para que el futuro se decidiera. El pretexto había ocurrido y las aguas del lago se teñirían de rojo. Si la guerra contra los tlatelolcas no estuviera a punto de iniciarse, su voz habría caído en el olvido y su hijo se secaría por las maldiciones de los brujos sin que nadie lo extrañara. El placer de lecho ocurrió en el momento indicado. Así sucedió lo que debía suceder: una mañana, los ojos de Viento de la Noche no pudieron mirar la luz.

Los rumores que corrían en el palacio apenas tenían un punto de acuerdo: la hija de Moquihuixtli estaba muerta. Algunos decían que los nahuales habían llegado a su lecho para desgarrarle la garganta, otros murmuraban que su cuerpo había amanecido con las marcas del ahorcamiento y unos más hablaban de un mal nacido de la hechicería. Sin embargo, sobre todas estas palabras privaba la voz del Tlatoani: Viento de la Noche había dejado este mundo a causa de una enfermedad que nadie pudo contener. Aunque todos la aceptaron de dientes para afuera, la explicación de Axayácatl no podía ocultar la verdad, la hija del Señor de Tlatelolco había sido asesinada para provocar la guerra.

*

Cuando los enviados de Axayácatl se encontraron con el Señor de Tlatelolco, sus palabras fueron parcas, apenas repitieron lo que les habían ordenado: Viento de la Noche había tenido un buen final, los tumores le arrebataron las almas sin que los sacerdotes pudieran evitarlo. Ninguna hierba tuvo la fuerza para derrotarlos. El mal avanzó incontenible, su rapidez era voluntad de los dioses. La lucha contra la enfermedad apenas duró unas pocas horas. Viento de la Noche ya estaba en el Tlalocan, en el paraíso donde el maíz nunca falta y la claridad del agua deslumbra a los que la contemplan. Nada se podía hacer, sólo quedaba la posibilidad de alegrarse por el término de una vida que fertilizaba la tierra.

Moquihuixtli los escuchó y sus labios permanecieron plegados, sabía que el cuerpo de su hija había amanecido en una posición tortuosa y que en su cuello estaban las marcas de los dedos del asesino. El ahorcamiento era un castigo que la marcaría hasta que el tiempo se agotara. La suya era la muerte que sólo merecen los carroñeros. Las mujeres que fallecían en el parto acompañaban al sol hasta el ocaso, las que fallecían por los rayos y los males del agua iban al Tlalocan y las que entregaban sus corazones a los dioses eran benditas. Las estranguladas nada merecían, sus almas vagarían sin encontrar reposo. La eternidad no dependía de los hechos de la vida, se determinaba por la manera de morir.

La ira no se mostró en el rostro del Señor de Tlatelolco.

En el preciso instante en que los enviados del Tlatoani terminaron de hablar, se mordió los labios para dominar su deseo de ordenar su asesinato. Estaba obligado a contenerse, la guerra debía esperar. Moquihuixtli necesitaba que sus aliados confirmaran su compromiso antes de lanzarse en contra de Tenochtitlan. A pesar de esto, en el fondo de sus almas, sabía que su dolor no era tan grande. La deshonra le ardía más que la pérdida de una hija. Viento de la Noche no había cumplido su promesa: Axayácatl no había muerto por sus hechizos y ninguno de sus nietos se sentaría en el trono de Tenochtitlan.

*

Y así, mientras los enviados del Tlatoani hablaban con el Señor de Tlatelolco, Xochicuéyetl acariciaba a su hijo.

—Ella está muerta, nadie puede oponerse a tu destino —decía mientras recordaba la imagen de Viento de la Noche.

Esa tarde, la última leche que le ofreció su madre tenía el sabor de los enemigos muertos. Xochicuéyetl lo miró, en las almas de su hijo ya estaba la serpiente. La descarnada, fría y podrida, también lo acompañaría sin que nadie se diera cuenta de que era su protectora. Sus manos huesudas caerían sobre todos los que se interpusieran en su camino.

III

Los signos del calendario cambiaron y llegó el día preciso; sin embargo, ninguna ceremonia subrayó el momento. Moctezuma tenía que abandonar a su madre y adentrarse en el calmecac, el lugar que sólo dejaría cuando fuera capaz de recorrer la ruta de la muerte. Ahí, en el espacio donde se formaban los sacerdotes, los guerreros y los gobernantes, él se transformaría en el hombre que asesinaría a sus rivales con tal de sentarse en el trono; pero, si por alguna razón flaqueaba y escupía sobre la memoria de sus antepasados, las puertas del recinto se abrirían antes de tiempo para mostrarlo como un pusilánime que sólo podría lamer los pies a los poderosos.

Axayácatl lo recibió antes de partir. Moctezuma creyó descubrir en sus ojos una mota de orgullo que apenas pudo agradecer con palabras atragantadas. Nunca supo si su voz fue capaz de acariciar el oído del Tlatoani. Él se engañaba con tal de seguir adelante sin que el rechazo le doliera. Aunque tratara de negarlo, sabía que en la cabeza de su padre estaban otras cosas: el asesinato del Señor de Xochimilco no podía ser ocultado y los dedos de todos señalaban su culpabilidad. La apuesta que habían cruzado en el juego de pelota era impagable y sólo la muerte había podido solucionarla. Aunque su jugador había sido derrotado, Axayácatl jamás entregaría el mercado de Tenochtitlan a uno de sus vasallos. Pasara lo que pasara, el

Tlatoani nunca perdía. Aún más, en aquellos momentos los matlatzincas se habían rebelado y tendría que salir con las tropas sabiendo que Moquihuixtli podría atacarlo. Si su hijo se iba al calmecac o se moría sin dejar huella no tenía importancia, el trono era lo único que marcaba su vida.

Ese día, a pesar de lo que muchos auguraban, Moctezuma se negó a acercarse a su madre. La presencia del rostro en el que apenas se asomaban los vellos sería suficiente para que ella se derrumbara, para que el temblor se adueñara de sus manos y sus ojos sintieran el ardor de la sal. Valía más que así fuera, él no podía darse el lujo de sucumbir al dolor, de anhelar las caricias que todo lo sanaban, de desear la voz que lo cobijaba de los males. Xochicuéyetl lo comprendería, nadie podía entrar al calmecac con las almas rotas.

*

Moctezuma recorrió las calles acompañado por sus pajes. El rumbo era claro y su futuro se decía a cada paso. Sus ojos no se detuvieron en los canales donde atracaban las canoas y se negaron a recorrer las piedras labradas que contaban la historia de su linaje. En esos momentos, sus pupilas no trataron de mirar más allá del espacio sagrado y el muro donde estaban atravesados los cráneos de los sacrificados. Ahí, sobre los rostros desollados se amontonaban las moscas mientras un zanate picoteaba lo que quedaba del ojo de uno de los caídos. Tal vez ésa era una profecía, una señal de los dioses que prefirió ignorar con tal de seguir adelante. Nada debía detenerlo. Los barrios lejanos, con sus calles estrechas y sinuosas, tampoco tenían la fuerza para atraer su mirada. Ni siquiera los zopilotes que trazaban círculos sobre la basura y los animales muertos que se amontonaban en las tierras de los macehuales podían atraparla. La pestilencia de los miserables apenas podía ofenderlo.

El ruido de la gente no lo distrajo. A pesar de su estridencia, las voces que venían de los embarcaderos y los tianguis casi lejanos apenas se revelaban como un murmullo. Estaba concentrado, sólo tenía un destino. A cada paso, la entrada del calmecac se hacía más grande. Sin embargo, el pánico terminó mordiéndolo durante un instante, las historias de dolor retumbaron en su cabeza. El olor que manaba de los templos y el sonido de las moscas que se cebaban con los restos de los sacrificados lo acobardaron. La idea de no resistir en el calmecac era un leño ardiente. Moctezuma apenas pudo ocultar la marca de sus quemaduras. Una palabra o un movimiento en falso bastarían para que se aprovecharan de sus debilidades. Sus pajes podían descubrirlo y sus lenguas afiladas lo mancharían con sus habladurías.

Llegaron. Frente a la puerta del calmecac estaban los sacerdotes y los guerreros que los esperaban. Ninguno de los jóvenes que pasaban delante de ellos merecía su atención. Los recién llegados nada significaban, aún tenían que crecer y endurecerse para merecer que repararan en su existencia. Antes de eso eran nada, menos que nada, su sangre estaba aguada y sus almas no se habían templado en el santuario y la guerra.

*

El calmecac era el espacio del dolor. Los errores eran imposibles y las labores extenuantes. El sueño se volvió un lujo. Todas las noches, cuando el descanso comenzaba a adueñarse de su cuerpo, los guerreros y los sacerdotes lo despertaban para que sangrara su carne con tal de alimentar a los dioses o para que caminara hacia los cerros y vigilara los linderos del lago. Si un enemigo se acercaba, los jóvenes del calmecac debían enfrentarlo y dar la voz de alarma. Las faltas más insignificantes se pagaban con golpes y los errores alejaban la comida para atraer los suplicios. A nadie importaba que fuera hijo de Axayácatl; si por sus venas corría la historia de los todopoderosos, Moctezuma estaba obligado a ser más fuerte que sus compañeros.

Al principio, las palabras que Xochicuéyetl le había murmurado eran su única guía. Moctezuma no confiaba en nadie: todos se convertirían en sus enemigos, en los hombres que lo traicionarían. Sin embargo, el dolor y el cansancio comenzaron a marchitarle las almas. Necesitaba confiar, tener un aliado, encontrar un oído que cobijara sus palabras. Así, poco a poco y sin que pudiera evitarlo, Tonahuac comenzó a estar a su lado. Moctezuma podía confiar en él, ellos no podían ser más distintos.

Tonahuac había llegado al calmecac antes que Moctezuma, su familia no era noble y los estragos también estaban marcados en su cuerpo. Las rugosas cicatrices eran la crónica de sus desobediencias y las negrísimas manchas que marcaban su cintura revelaban su pasión. Cada golpe de la pelota era una herida que debía abrirse para sacar la sangre molida. Tonahuac llegó a la escuela de los poderosos por una casualidad que estaba más allá de sus deseos: en las canchas cercanas a los mercados, él destacaba sobre todos los contendientes. Sus golpes precisos mantenían a su familia, una apuesta valía mucho más que todos los elotes de su milpa. El murmullo de su nombre llegó a los oídos de Axayácatl, y el soberano decidió su futuro. Tonahuac se convertiría en su jugador, en el hombre que entraría en la cancha sagrada para nunca ser derrotado. Las pelotas de hule que atravesarían los aros de piedra decidirían las disputas y le permitirían ganar las apuestas. La desgracia del Señor de Xochimilco no podía repetirse. Sin embargo, el joven no deseaba tomar el cuchillo de sacrificio ni sostener las armas, el destino le pesaba y hería sus almas. Tonahuac sólo anhelaba jugar y seguir siendo el que era: un macehual que mantenía a los suyos con lo que ganaba en la cancha.

—Entiéndeme —dijo a Moctezuma una noche—, la vida es mejor de lo que piensas.

El hijo de Axayácatl sólo guardó silencio, una existencia distinta era imposible.

—Los altares y la guerra no son nada… la única verdad está

38

entre las piernas de las mujeres, en los gritos que se oyen en las canchas —volvió a decirle con la mirada perdida que recordaba las noches que había podido escapar del calmecac sin que nadie lo notara.

Moctezuma no fue capaz de responderle, apenas pudo tocarse el pene para buscar las heridas que ardían en su prepucio. Su amigo estaba equivocado, el calor de la carne también lo atenazaba, y se había atravesado la piel con espinas para alejarlo. Moctezuma sabía que aún no tenía derecho a acercarse a las mujeres, ellas sólo llegarían cuando la guerra se las concediera; las putas también estaban prohibidas, el calor de su sexo debilitaba la sangre y mataba con las enfermedades que pudrían la piel. Ellas no eran para los nobles y los guerreros, sus piernas tatuadas sólo debían abrirse para los macehuales.

*

Los rumores que nacían en el palacio de Axayácatl llegaban al calmecac sin que nadie tratara de frenarlos. Mientras las almas y el cuerpo de Moctezuma se templaban, las palabras de la guerra contra los tlatelolcas penetraban en las almas de los jóvenes. Los cobardes bajaban la mirada al escucharlas y los bravos anhelaban sumarse a las tropas. El combate se aproximaba, pero ninguno conocía el momento en que llegaría. El Tlatoani tenía que decidirse, los mexicas no soportarían otra ofensa.

Moquihuixtli se movía como una serpiente. Sus emisarios se presentaban en las ciudades que odiaban a los mexicas, la destrucción del imperio de Axayácatl era su oferta. Los tributos serían cancelados y las vidas de sus guerreros no terminarían en los altares. Algunos soberanos aceptaron unirse a sus tropas, pero otros se mantuvieron leales. La posibilidad de ser derrotados y sufrir la venganza era suficiente para disuadirlos.

Cuando los mensajeros de Moquihuixtli llegaron a un pueblo miserable, fueron capturados y entregados a Axayácatl. Ésa fue la mejor muestra de su lealtad. Los tlatelolcas no ofrendaron su vida en el altar, la posibilidad de que acompañaran al sol les fue negada. Su muerte fue lenta y sus confesiones confirmaron las palabras de la hermana que le había entregado al Señor de Tlatelolco. Dos días completos resistieron antes de que se les aflojara la lengua; las uñas arrancadas, los huesos rotos y la carne despellejada y salada terminaron derrotándolos. En el preciso instante en que las almas se escaparon de su cuerpo, los tlatelolcas fueron destazados, los músculos de sus piernas fueron cuidadosamente separados y lo mismo ocurrió con sus manos y sus cabezas que terminaron colgadas en las casas de sus captores, el resto de su carne fue entregada a los perros.

*

Moquihuixtli no podía ocultar las intenciones de sus hombres y no tenía más remedio que encontrarse con Axayácatl. La noticia de la muerte de sus emisarios había llegado a sus dominios. La reunión ocurrió sin ceremonias y él llegó entre las sombras, el secreto de sus conversaciones debía mantenerse. Durante un largo tiempo hablaron sobre nimiedades y así siguieron hasta que llegó el momento de la comida.

Sentados sobre almohadones, recibieron los platos que les entregaron las sirvientas con la mirada baja.

—Come, por favor, come —pidió Axayácatl.

Moquihuixtli probó la carne, el miedo a ser envenenado le arañaba las entrañas. La ponzoña podría ser una salida para Axayácatl.

—¿Está amarga? —preguntó el Tlatoani.

—No, es dulce como la de los jabalís y los tapires.

Axayácatl se llevó un trozo a la boca y masticó con calma. La carne era suave, jugosa.

—Creo que estás equivocado, es amarga.

Moquihuixtli lo miró.

—Sabe a traidor —dijo Axayácatl.

—No, sabe a cobarde y a venganza —respondió Moquihuixtli sin dejar de masticar.

*

La guerra llegó y Axayácatl fue implacable, sus tropas avanzaron contra los tlatelolcas y la piedad fue acuchillada antes de que pudiera mostrarse. El fuego se adueñó de los barrios, el saqueo se permitió sin que nadie tratara de detenerlo y muchas mujeres sintieron cómo su carne se desgarraba mientras los guerreros mexicas les arrancaban la ropa. La violencia fue incontenible. Los templos de los dioses tutelares fueron quemados y sus grandes piedras golpeadas hasta que se transformaron en un cerro informe. Nadie podía atreverse a dudar de que los amos del universo los habían abandonado, ellos estaban del lado de los mexicas.

Al final de la batalla y la lumbre, de la ciudad soberbia apenas quedaban el gran mercado, los perros que se alimentaban de la basura y los puteros. Su pasado estaba incinerado y su futuro se había terminado. Cuando las tropas de Axayácatl volvieron a Tenochtitlan, las paredes y los techos tuvieron que volver a levantarse mientras la gente se lamía los verdugones del alma. Tlatelolco ya nunca sería la piedra en la sandalia y sus señores siempre tendrían que probar la tierra ante el Tlatoani. Moquihuixtli estaba muerto y su cadáver terminó en las fauces de los carroñeros.

*

Moctezuma no fue llamado a filas para luchar contra los tlatelolcas, era demasiado joven para caminar junto a los guerreros. Sus días estaban marcados por una circularidad dolorosa, sólo las palabras de Tonahuac le brindaban una brizna de paz. Sin embargo, el alma del macehual estaba condenada: nunca podría dejar de ser el que era y su destino se decidió en un instante.

*

A pesar de la distancia que lo separaba del bracero, el humo se ensañaba con Moctezuma. Los ojos le ardían y la necesidad de toser amenazaba con desgarrarle el pecho. Pero él debía contenerse, estaba obligado a mantenerse firme, absolutamente rígido y sin mostrar ningún pesar. Así estaba mandado y así debía hacerse. Un movimiento bastaría para que la deshonra lo alcanzara y se abrieran las puertas que lo condenarían a la vergüenza, a convertirse en alguien que jamás obligaría a los otros a bajar la mirada.

El torturado era Tonahuac. Él, pensando que la suerte seguiría de su lado, se había atrevido a desafiar las reglas de nueva cuenta, pero ahora tenía que pagar por su afrenta: durante varias noches abandonó el calmecac y su puesto en las montañas para encontrarse con las putas. Las ropas alzadas, los cabellos casi sueltos, las bocas que rumiaban chicle y las palabras que ensuciaban el aire lo amarraron sin que pudiera resistirse. La calentura era mucha y sus almas estaban flacas. La piel teñida con axin y los dientes colorados por la grana eran una telaraña de la que muy pocos podían escapar. Tonahuac apenas era una mosca y ellas las tarántulas que enredaban a miles. Poco importaba que las rameras le exigieran unos cuantos granos de cacao para entregarse, él los había ganado en las canchas y su cuerpo podía mitigar las urgencias por menos de un puñado.

Así habría seguido hasta que los males inconfesables se adueñaran de su carne, pero una noche descubrieron su ausencia, y ahora estaba atado frente a la lumbre donde se quemaban atados de chiles secos. Tonahuac se retorcía y lloraba, el vómito manchaba su torso y los aullidos se atoraban en su garganta. Frente a él estaban sus compañeros, tenían que mirar hasta que sus ojos se llenaran de miedo. Así entenderían que el camino no tiene vueltas ni recovecos. El horror debía templar sus almas.

Cuando quitaron sus amarres, el castigado se desplomó. Su respiración había perdido el compás y su piel estaba manchada por el tizne. Su sudor se abría paso entre la comida apenas digerida. Se quedó tirado, no podía pedir clemencia. Sus palabras ya no tenían valor. Su vida nada valía y su honra estaba manchada por la mierda.

Uno de los guerreros del calmecac se acercó sin mirarlo, pateó su vientre y extendió la mano para que le entregaran un leño ardiente. Los golpes empezaron y Moctezuma cerró los ojos.

—¡Ábrelos! —ordenó Yólotl, el guerrero que siempre estaba a su lado.

Moctezuma obedeció, y durante un instante lo observó con detenimiento, la historia estaba grabada en la piel del soldado. Las largas cicatrices eran el recuento de sus batallas, sus orejas casi deformes eran la muestra de sus sacrificios. Incluso su voz —grave y profunda— formaba parte de su historia: las espinas de maguey, los huesos que se convirtieron en punzones y las afiladas navajas le habían robado la suavidad a su lengua para labrar las marcas que habían oscurecido su sonido.

—Nunca debiste acercarte a él —dijo.

Moctezuma lo miró sin pronunciar una sola palabra.

—Tú sólo me tienes a mí, sólo tienes a los guerreros.

El joven asintió. Yólotl era el único que seguía a su lado, el recuerdo de las muertes terribles lo unían a Moctezuma con una fuerza más grande que la tripa que había enterrado en el campo de batalla después de que se la entregara la partera que la cortó sobre una mazorca.

*

Los golpes continuaron hasta que la furia del soldado se aplacó y los sirvientes levantaron a Tonahuac. Ninguno se preocupó por cuidarlo. Las manos que lo tomaron no tenían piedad. Nunca sería uno de los grandes jugadores y terminaría abandonado en la entrada del calmecac. Ahí lo verían todos y las lenguas sentirían el placer de contar su caída. La vergüenza y el espinazo doblado eran su única ruta; nadie, ni siquiera Axayácatl, podría salvarlo de la desgracia.

Mientras ellos se alejaban, Moctezuma se pasó la mano por la oreja, necesitaba sentir las costras que habían nacido de las espinas enterradas. El caído era el alivio de su soledad, la cura del miedo al error irremediable. Tonahuac había sido su amigo, pero eso tenía que olvidarse. Yólotl tenía razón, el recuerdo de los cobardes no podía ocupar un espacio en sus almas. Ellos no podían fallar y tampoco eran como los otros, sus destinos estaban unidos a los templos y las armas, al poder y la grandeza; los macehuales siempre serían menos que las bestias que debían ser sometidas a golpes.

*

Moctezuma volvió a sus aposentos en silencio. Yólotl no intentó seguirlo. El joven necesitaba estar solo para convencerse de que nada debía sentir. La pena y el dolor eran demasiado para un miserable que se había convertido en un despojo por seguir el mandato de sus ardores. Ellos no podían lanzarse sobre el huipil ajeno. El tiempo de las mujeres ya llegaría, para las calenturas estaban la mano y la imaginación desbocada.

Durante un instante se detuvo para recargarse en la pared, sus dedos recorrieron la frialdad del muro y sus ojos se quedaron atrapados por las águilas y los jaguares. Ahí estaba él, ahí estaba su destino. Sus almas no debían tener un espacio para la piedad.

Sin pensarlo dos veces, volvió sobre sus pasos y caminó hacia el templo. Lentamente, los braceros donde el fuego nunca se apagaba lo iluminaron, los rojos y los amarillos acariciaron su cuerpo delgado y los músculos apenas delineados.

Sabía lo que tenía que hacer.

No podía negarse a seguir adelante.

Avanzó hasta llegar muy cerca del altar, tomó una espina de maguey y comenzó a enterrarla en su carne: primero en la lengua y después en el prepucio. El dolor era lo único que podría aplacar el suplicio de sus almas, sólo el placer del tormento derrotaría las urgencias de la carne y los recuerdos.

El sabor metálico llegó a su garganta. Su nariz se llenó con el aroma de la sangre y en su lengua la espesura se convirtió en un coágulo. Con los ojos cerrados se tragó el escupitajo. El asco no llegó a su estómago, el alimento de los dioses no podía ser despreciado. En el calmecac, Moctezuma había descubierto el verdadero suplicio y las cuerdas que lo ataban. Él sería un señor de señores y la debilidad no podía doblegarlo.

Moctezuma ya no podía ser un niño. El deseo de estar con Xochicuéyetl murió cuando los primeros azotes cayeron sobre su espalda. Aquella vez tuvo suerte, los que cometían mayores equivocaciones tenían un futuro idéntico al de Tonahuac. Ellos, los hijos de los grandes, no podían darse ningún lujo. El dolor no podía morderlos y debían ser corteses aunque el odio los dominara. Ellos no eran como los macehuales que iban a la casa de los cantos para bailar con las jóvenes y ayuntarse en la oscuridad que se apoderaba de las calles llenas de basura, sus labios no debían probar el pulque y mucho menos podían mostrarse débiles. El poder tenía un precio y debían pagarlo, la corte no era el lugar de los débiles, era el sitio de las traiciones, el espacio donde la vida y la muerte se entretejían.

El dolor no lo era todo en la vida de Moctezuma, las horas que dedicaba a aprender las artes de la guerra y recitar los libros de los sueños y los anales que contaban la vida de sus antepasados también marcaban el curso de sus días. El pasado que se mostraba ante sus ojos contenía todos los secretos, las historias de las victorias y las sombras de las derrotas eran la clave para comprender el futuro. Además, junto a los sacerdotes que invocaban la memoria mientras recorrían las páginas pintadas, Moctezuma se adentraba en los secretos del calendario y las historias de dioses que les mostraban el rumbo de sus vidas. Él sería un hombre de saber y palabra, de armas y negociaciones.

Así, mientras Moctezuma extraía la espina de su carne, se convenció de que Yólotl tenía razón: Tonahuac no merecía un pensamiento. Valía más que volviera a sus aposentos; al día siguiente, después de que el agua helada le quemara en el cuerpo, iría al lugar donde los macehuales y los hombres que llegaron como tributo trabajaban en uno de los acueductos que abastecían a la ciudad. Debía estar entero, ceñudo y dispuesto a lo que fuera con tal de que la obra se terminara en el momento indicado.

*

Su vida no podía apartarse del camino señalado por los dioses y sus días transcurrían con una regularidad que nada podía interrumpir. Los tiempos eran inflexibles. El sonido del tambor de Quetzalcóatl anunciaba la mañana, y, en las noches, las flautas, los caracoles y los teponaztles invocaban el silencio y remarcaban la prohibición de salir a las calles. Casi nadie podía deambular en la oscuridad, sus veredas eran el territorio de los guerreros que se enfrentarían a los enemigos que tal vez se atreverían a atacar bajo el amparo de las tinieblas. Sólo los malvivientes y los calientes, los ladrones y los que estaban en manos de los conejos del pulque tenían la mala cabeza de desafiar la negrura y la mudez, pero ellos eran menos que nada: los borrachos desmelenados que se quedaban tirados en los baldíos, los calientes que se restregaban sobre las putas de Tlatelolco y los asaltantes que se aventuraban en las casas para robar se encontrarían con las armas. Un solo ruido bastaba para que los guerreros cortaran los hilos de su vida.

Segunda parte

I

Los chillidos de las plañideras herían sus oídos. Moctezuma no tenía más remedio que mirarlas. Los movimientos de las viejas chimuelas revelaban el dolor perfecto, la pena que se abre paso entre la penumbra y los cuerpos retorcidos. Las manos que jalaban los cabellos, las uñas que rasgaban el rostro, las bocas que aullaban y los ojos que escurrían lágrimas a cambio de unos cuantos granos de cacao podían convencer a cualquiera que no supiera la verdad. Sin embargo, a ninguno le importaba que esos aullidos fueran falsos, alguien tenía que sufrir y ellas lo fingían de buena gana mientras pensaban que su llanto aniquilaría las ratas del hambre. Cada quejido era una tortilla, cada tirón de greñas se transmutaba en un tamal y cada lágrima se convertía en un puñado de amaranto y chía.

A pesar de su falsedad, los lamentos de las ancianas mostraban lo que unos cuantos sentían y jamás podrían revelar. Mientras todos observaban el cadáver de Axayácatl y se alimentaba la pira que lo devoraría, era claro que el dolor y la tristeza eran peligrosos. Un movimiento equivocado bastaría para que la desgracia sitiara a sus protagonistas. Los ríos de lumbre corrían bajo las buenas maneras y el duelo.

Los grandes señores, los sacerdotes de los templos más importantes y los guerreros que comandaban a las tropas tenían que tragarse sus flaquezas aunque les envenenaran el cuerpo.

La oscuridad era su única protección en contra de las traiciones y las emboscadas. Apenas así podían moverse con el sigilo de los pumas que sólo se descubren cuando se lanzan sobre su presa para darle la tarascada que le arrebatará la vida.

Axayácatl estaba muerto y ellos debían seguir adelante. La gente de los palacios tenía viva la envidia, y las ansias de riqueza y poder les carcomían las almas. Los días del soberano habían terminado y sólo uno podría ocupar su lugar. La lucha por el trono de Tenochtitlan había comenzado.

*

El cadáver del Tlatoani apenas estaba a unos cuantos pasos de Moctezuma, pero entre ellos existía una distancia infinita. Aunque lo deseara, el joven nunca podría acercarse para descubrir el rostro de Axayácatl entre las máscaras y las mantas. Su padre sólo era un bulto. La posibilidad de que su mirada se encontrara con sus ojos secos estaba cancelada. Sus pies debían permanecer clavados y su cuerpo tieso hasta que todo terminara. Los años que había pasado en el calmecac aún no servían para nada. Él no tenía la importancia que se necesitaba para ocupar un lugar en las primeras filas. Esos sitios eran para los grandes señores, para los aliados y los soberanos que pronto se rebelarían con tal de intentar lo imposible: romper con el yugo que los unía a los mexicas. Ahí no estaban los hijos innumerables, ése era el lugar de los sacerdotes y los guerreros que capturaron a los enemigos para alimentar a los dioses y ensanchar las fronteras del imperio.

Moctezuma era nada, apenas podía mostrarse como uno más de los muchos vástagos que el Tlatoani engendró para apuntalar su reinado. A pesar de su intensidad, los deseos de Xochicuéyetl no se cumplirían: su hijo no podía aspirar al trono y ella sufriría el desprecio de las mujeres que llegarían al palacio con el nuevo monarca. Su sexo húmedo ya nada valía. Al cabo de unos cuantos días, su padre entregaría a otra de sus hijas al Señor de Tenochtitlan con tal de mantener la alianza. Un himen inmaculado garantizaría el acuerdo. Su futuro no tenía secretos, Xochicuéyetl se inclinaría ante las jóvenes y su existencia pendería del hilo de la araña que asciende desde el lugar de los muertos. En el palacio, todos sabían que las viudas y los hijos de un cadáver tienen un destino oscuro. Nadie se atrevería a protegerlos y la huesuda los sorprendería en sus lechos. Los cuellos abiertos, los mecates que cortaban la respiración y los venenos se revelarían ante los cortesanos que todo lo permitirían. Los descendientes del Tlatoani sólo eran un estorbo y podían convertirse en traidores.

La nobleza de la sangre de Moctezuma tampoco tenía valor, su nombre no pesaba y sus aliados aún no existían. Estaba solo, abandonado a su suerte. Ninguno de sus compañeros del calmecac podía influir en la designación del nuevo Tlatoani. Los jóvenes que apenas tenían unos cuantos pelos en la cara podían ser ignorados sin riesgos, la gloria de la batalla aún no los marcaba y los guerreros que dirigían las tropas tenían los ojos puestos en otras personas. En esos momentos había otros más importantes: los hermanos de Axayácatl que ansiaban sentarse en el trono vacío y los hombres que a fuerza de alianzas y traiciones buscaban torcer el rumbo marcado por los dioses.

Aunque ninguno de los poderosos podía delatar sus intenciones, todos conocían los nombres de los posibles sucesores y murmuraban acuerdos para apoyarlos o atacarlos. Tízoc y Ahuízotl se imponían a sus rivales mientras el cadáver del Tlatoani aún no apestaba lo suficiente para anunciar que sus almas lo habían abandonado. La difamación ennegrecía la lengua de los grandes y las palabras envenenaban los susurros de los cortesanos. Lo que dijeran los dioses era importante, lo que revelaran los viejos libros también podría ser conveniente antes de que se tomara la decisión final, pero lo que acordaran los poderosos sería definitivo. Los cuatro días que el cuerpo de Axayácatl permaneció sin ser acariciado por las llamas transcurrieron entre encuentros furtivos y palabras que apenas podían escucharse. Una mirada precisa y una mano en el brazo valían más que los augurios.

Cuando comenzó el largo funeral, nada de esto importaba a Moctezuma. La distancia que lo separaba del cuerpo de su padre era buena, casi podía pasar desapercibido y nadie descubriría que la tristeza no estaba en sus almas. A él le dolía que no le doliera. Su aflicción era idéntica a la pena seca que nace de la falta de lágrimas, al ardor que provoca un cadáver que no se ensaña.

*

A pesar de su victoria sobre los tlatelolcas y la inauguración del gran templo que durante muchos días se tiñó de rojo, Moctezuma estaba seguro de que la muerte rondaba a su padre. Aquellas glorias no fueron suficientes para sanar sus almas. Y si acaso lo hicieron, no tardaron mucho en quedarse tan flacas como un esqueleto que amenazaba con desmadejarse. La luz de Axayácatl duró muy poco, los que tenían memoria no podían olvidar la deshonra que estaba más allá de los asesinatos y las apuestas que perdió en el juego de pelota. Tras la derrota de los tlatelolcas, Axayácatl se embarcó en las guerras que engrandecerían su imperio. Sin la amenaza a sus espaldas, los mexicas podían ser los amos del mundo. Al principio, los dioses les sonrieron y los pueblos y las ciudades se rindieron después de enfrentar las batallas perdidas de antemano. Los amos del universo se alimentaron con corazones y los almacenes de Tenochtitlan se llenaron con los tributos; sin embargo, el día en que sus soldados fueron derrotados en Tlaximaloyan, la luz se apagó en su mirada.

Axayácatl había llegado demasiado lejos y la soberbia le había impedido medir la fiereza de sus rivales. De muy poco sirvió que la catástrofe se ocultara y las piedras se labraran para contar mentiras; tampoco tuvo importancia que los libros pintados narraran lo que nunca ocurrió. La derrota no podía esconderse y seguía viva en el corazón de unos pocos: el Tlatoani se retiró con la cola entre las patas. Los miles de guerreros que se quedaron tirados con la muerte a medias lo perseguirían todas las noches para restregarle su fracaso, esos espectros eran peores que las pesadillas que le provocaba el recuerdo de Viento de la Noche.

De nada servía buscar consuelo con sus mujeres, los movimientos rápidos y convulsos no podían imponerse a la desgracia. Las palabras de los sacerdotes y los cortesanos comenzaron a sonarle huecas. Axayácatl ya no era el grande ni el invencible, tampoco el Señor de Señores, y la lengua comenzó a engarrotársele. La tragedia era su dueña. Incluso, la escultura que lo mostraba junto al primer Moctezuma y que se labró bajo la supervisión del viejo Tlacaélel era incapaz de mitigar su pesadumbre, y exactamente lo mismo ocurrió con las victorias sobre los mazahuas, los matlatzincas y los hñähñu. Los caseríos quemados, las ciudades que cayeron en sus manos, las pieles de venado que llegaron como tributo y los cadáveres tatuados que se quedaron tirados en los campos no lograron que sus almas sobrevivieran. Tlaximaloyan lo mataba lentamente y nadie podía evitar el desastre.

*

Las almas de Axayácatl agonizaban. Moctezuma descubrió sus estertores durante una de las fiestas que intentaban ocultar la derrota. A pesar del sonido de los tambores y el olor de la sangre en los altares, los ojos de su padre estaban apagados, hundidos, casi viscosos. El Tlatoani se había avejentado como el maíz en las secas y su cuerpo se había contraído como las calabazas que habían dejado atrás sus mejores días. Nunca preguntó nada y Axayácatl tampoco dijo una sola palabra. Apenas hablaban y sus voces siempre eran las que debían pronunciarse.

53

Durante algunos años, Moctezuma se esforzó por convencerse de que su padre estaba orgulloso, de que sus ojos se detenían en su cuerpo y que interrogaba a sus consejeros sobre sus hechos. Necesitaba notarse, ser alguien, saber que algo sentía por él; pero Axayácatl jamás mencionó su nombre delante de los poderosos.

El Tlatoani tal vez hizo lo correcto y quizás algo sentía por el hijo de Xochicuéyetl, pero un gesto o una palabra habrían bastado para que el joven quedara maldito y su vida fuera más frágil que los huesos de un anciano. Los enemigos y los que ya pensaban en el sucesor serían capaces de todo con tal de asesinar o hechizar al preferido del soberano. Si los brujos lo maldecían, Moctezuma se convertiría en alguien atrapado por los conjuros y perdería el seso para siempre. Los alacranes se cebarían con sus entrañas y las arañas depositarían sus huevecillos en su vientre sin que nadie pudiera evitarlo. La hierba de las nubes no lo aliviaría de sus pesares y los sacerdotes lo abandonarían hasta que el cuerpo reventara para parir los insectos que lo devoraban. Valía más que así fuera, lo mejor era que Axayácatl nunca lo mirara.

*

Estaba lejos, expectante, deseoso de que el dolor llegara a sus almas para que pudiera abandonarse a la pena que no sentía. Las palabras de la mujer que lo concibió mientras sus ojos se mantenían fijos en la pared, comenzaron a retumbar como los tambores que anunciaban las batallas: *Tú tienes que ser grande, tú tienes que sentarte al trono, tú tienes que matar para cumplir tu destino, tú tienes que vengarme de todas las ofensas.*

Ella, la que nunca fue la primera y siempre tuvo la saliva envenenada, tenía que desquitarse de las otras mujeres. Eso era lo único que le importaba. El ahorcamiento de Viento de la Noche no había bastado para aplacarla. Su hijo tenía que aniquilar a cuatrocientos para sentarse en el lugar preciso, para que la gente bajara la mirada ante su presencia y los poderosos sintieran en sus labios el amargo sabor de la tierra. Por esa razón, los oídos y los ojos de Moctezuma se fueron para otro lado: comenzaron a observar a sus tíos para tratar de descifrar los murmullos y los movimientos que apenas se notaban.

Tuvo suerte, la verdad llegó a sus ojos: los envidiosos y los que buscaban beneficios miraban a uno de sus tíos. Tízoc fingía y apenas reparaba en ellos. El signo de la pierna herida que contenía su nombre era suficiente para que muchos anhelaran su ascenso. El cobarde era la opción definitiva. Tízoc sería el nuevo Tlatoani y los poderosos lo controlarían sin que pudiera resistirse, las artes oscuras y las armas jamás habían tocado sus manos. Ahuízotl había sido derrotado sin dar batalla.

*

Moctezuma se transformó en una sombra, tenía que fundirse con las paredes del calmecac para que ninguno de los grandes reparara en su existencia. Una habladuría sería suficiente para que sus días terminaran después de que fuera llamado por Tízoc para conversar sobre asuntos sin importancia. O, tal vez, ni siquiera eso sería necesario, los hechiceros podían convocar las fuerzas de la noche y los nahuales llegarían a su lecho para desgarrarle la garganta. Moctezuma debía esperar y mirar el piso mientras los grandes pasaban a su lado.

Sólo dos personas permanecieron a su lado. Yólotl lo miraba con la tristeza clavada en los ojos. El hombre con el cuerpo marcado por las batallas jamás dijo nada, pero Moctezuma sabía que el tiempo de las palabras terminaría por llegar. Algo había en él que anunciaba su protección y su alianza. En cambio, Mazacóatl, el viejo sacerdote que le mostraba las revelaciones de los dioses y la historia de sus ancestros, puso la mano en su brazo para mostrarle su compasión. Esos dedos fueron los únicos que lo consolaron. En aquellos momentos, Moctezuma no podía acercarse a Xochicuéyetl, un encuentro habría bastado para que las acusaciones de traición cayeran sobre ellos.

—Estoy contigo, tú serás uno de los grandes —murmuró Mazacóatl sin darle mayores explicaciones.

Moctezuma lo miró sin contestar, el silencio era la única respuesta que podía ofrecerle mientras Tízoc se sentaba en el trono de su padre.

*

Tízoc era una vergüenza. Por primera vez en la historia, el Tlatoani se había convertido en un títere que estaba en las manos de los hombres que se adueñaron de sus almas. El trono de los jaguares ya no tenía la fuerza que obligaba a bajar la mirada. El gran Señor de Tenochtitlan era un pelele, un cobarde acorralado por los que decidieron su ascenso al trono. Las causas de su elección no tardaron en mostrarse: cada uno de los que se sumó en contra de Ahuízotl le cobró su apoyo hasta que los murmullos llegaron a los barrios, sus tierras se volvieron más grandes, el lujo de su ropa ofendía la mirada y los regalos de plumas y oro colmaban sus casas. Los miserables que llegaban a Tenochtitlan para pagar el tributo con su trabajo ya no construían templos ni levantaban acueductos, ellos pasaban sus días en los sembradíos de los comerciantes y embellecían los palacios de los que mandaban al Tlatoani. Tízoc estaba podrido, sólo obedecía las órdenes de sus poderosos.

Moctezuma lo sabía todo, pero frente a él se abría un camino que debía recorrer hasta las últimas consecuencias. Aunque el orgullo lo hiriera cada vez que se inclinaba ante los traidores, no podía dejarse matar. El poder es un don de los sobrevivientes. Sin embargo, en esos momentos existía un remedio que ninguno de los guerreros se atrevía a dar: Ahuízotl debía ocupar el trono.

Aunque la deshonra lo carcomiera y el odio tensara sus músculos, Moctezuma no tenía más opción que esperar a que sus armas probaran la sangre y sus manos se transformaran en las garras que conducirían a los derrotados hasta la cúspide de los templos para alimentar a los dioses. Cada vez que el cuchillo se adentrara en un pecho, su nombre se escucharía en el último latido del sacrificado. En ese instante florecerían los dolores del entrenamiento y las manos llagadas en los combates se convertirían en la crónica que se escribiría con la más roja de las tintas, sus hechos no tendrían que borrarse de los libros pintados y sus hazañas jamás necesitarían esculturas como la que labraron para contar las supuestas conquistas de Tízoc. Pero eso no era suficiente, Moctezuma también tenía que aprender los secretos del poder, gracias a ellos podría convertirse en el nahual que se mueve en la oscuridad, en la palabra que oculta los pensamientos, en el movimiento certero que asesina sin quedar manchado.

Moctezuma debía esperar. Tenía que amarrarse la lengua hasta que sus hechos obligaran a los otros a contar su historia. Frente al sacerdote apenas podía darse el lujo del parpadeo, sus pupilas tenían que estar fijas en las imágenes y sus oídos debían llenarse con las palabras sagradas. La batalla y la muerte eran indispensables, y él ya lo sabía todo: los dioses sin sacrificios eran menos que nada, los hombres sin augurios se quedaban ciegos y las lanzas que ignoraban la historia carecían de sentido. La guerra incesante era la única clave del poder.

II

El verde se había largado del valle y el viento cortaba como navaja. El sol hambriento no podía imponerse a las nubes y la grisura era la dueña del espacio. Ni siquiera el color de los magueyes tenía la fuerza para notarse. Las espinas no podían rasgar los cúmulos. Las plumas de los yelmos ondeaban y la piel de los guerreros se endurecía al sentir el siniestro ulular que se robaba el calor de sus cuerpos. En sus manos, el sudor se helaba sin que pudieran evitarlo. El silencio era frágil, una voz podría romperlo y provocar una desgracia de la que todos se arrepentirían. La violencia tiene un compás que debe ser respetado.

Moctezuma miraba al hombre que estaba a su lado, la cabeza casi rapada contaba su historia y las negras líneas que recorrían su piel eran el augurio de la guerra que jamás se detendría. En los brazos de Yólotl, los músculos estaban surcados por las venas, y en su mano derecha el arma esperaba el momento del combate, los filos de obsidiana reclamaban el sabor de la sangre. El tiempo del entrenamiento en el calmecac había terminado, ahora sólo quedaba la posibilidad de la batalla.

Tras los guerreros estaban los macehuales que habían enviado los barrios y los pueblos para cumplir con su cuota mortal. El tiempo de la cosecha había terminado, el momento de la guerra comenzaba. Ninguno de los miserables tenía un yelmo con la imagen de los dioses, sus cuerpos estaban apenas cubiertos y sus cabellos se contenían con un trozo de mecate. Muchos estaban descalzos, apenas unos cuantos tenían huaraches. Las corazas de algodón fuertemente ceñido tampoco eran para ellos, los jaguares y las águilas eran los únicos que podían usarlas.

Los macehuales tenían miedo. Sólo algunos, los que estaban dispuestos a todo, apretaban sus armas para sentir la posibilidad de la gloria. Las hondas que soportaban el peso de las pequeñas piedras, los garrotes apenas fuertes y las lanzas con la punta endurecida por el fuego eran los únicos asideros para sus quebradizos anhelos: si capturaban a los enemigos sus días podrían ser distintos, el hambre dejaría de torturarlos y sus hijos no tendrían que trabajar.

Frente a ellos estaban los rivales. Sus lanzas los mostraban como un animal erizado, como una serpiente gorda que se enroscaba para atacar. A pesar de los deseos de los mexicas, los soldados de Huejotzingo no pudieron ser sorprendidos; los años de guerra les habían curtido el cuerpo y sus armas estaban dispuestas a todo. Ellos los esperaban para cumplir el ritual inexorable que alimentaría a los amos del universo. Las guerras floridas tenían su momento, su calendario era el de los dioses y las tierras estaban lo suficientemente secas para que la sangre las fertilizara.

*

Poco a poco, sin que nadie lo ordenara, los arcos comenzaron a tensarse y las hondas empezaron a zumbar, el chiflido sólo se detendría cuando la voz de Yólotl retumbara. Mientras tanto había que aguantar y desear que los otros huyeran. Pero ninguno dio paso atrás. Los huejotzincas no tenían miedo y mostraron sus escudos al tiempo que empuñaron las lanzas.

El grito de guerra desgarró el silencio. El cielo se llenó de lanzas, flechas y piedras. El opaco ruido de su choque contra los cuerpos y los escudos se escuchó como lluvia seca. La descarnada estaba suelta y su lengua de pedernal se enterraba en los guerreros y miserables. Los gritos de los heridos no frenaron el ataque, los cuerpos que cayeron sin vida tampoco penetraron la mirada de sus compañeros, los silbidos de las armas continuaron sin piedad hasta que Yólotl ordenó el avance.

Se lanzaron contra sus rivales. Los ojos buscaban al hombre que los cubriría de gloria. Los macehuales conocerían la muerte en el campo de batalla, los grandes guerreros la encontrarían en el altar donde el cuchillo les abriría el pecho para arrancarles el corazón. Los gritos de furia helaban las almas. Moctezuma corría y trataba de no perder el paso. No podía quedarse atrás del hombre que estaba a su lado, Yólotl tenía que atestiguar su bravura. Las voces huyeron de su cabeza, el mundo era tan colorado como la sangre que debía derramar. Su cuerpo ya no era el de un hombre, estaba poseído por la furia, por las ansias de arrebatar la vida, por el deseo del poder que se adueña de todo. El nahual era el amo de sus almas y marcaba sus pasos.

Los ejércitos chocaron y el estrépito se escuchó en la morada de los dioses. El fragor fue más grande que los truenos y los huracanes, que los rugidos y los montes que se desgajan con los terremotos. Los filos se estrellaron contra los escudos y desgarraron a los rivales. A cada golpe, los ríos púrpuras los salpicaban y su sabor se adentraba en su boca para que los guerreros comulgaran con lo absoluto.

Moctezuma siguió avanzando. A cada paso, los tajos de su arma abrían la carne de los miserables y quebraban los escudos más débiles. No podía detenerse. Ninguno valía la pena. Tenía que encontrar al enemigo preciso, al hombre que se transformaría en el cadáver que marcaría el inicio de su historia. Entonces lo vio. El huejotzinca con yelmo de jaguar estaba rodeado por los cuerpos de los hombres que habían caído ante la furia de su maza. Se detuvo y lo miró hasta que obligó a sus pupilas a chocar con las suyas. Los ojos se enfrentaron, ambos sabían que ninguno daría un paso atrás, los dos tenían la certeza de que la muerte sería la única victoriosa.

Lentamente, Moctezuma avanzó hacia su enemigo sin que nadie se atravesara. La ira era una coraza que nadie se atrevía a desafiar. El huejotzinca levantó su maza enrojecida. Los coágulos la alimentaban y exigían otra víctima. El olor de los muertos se metió en sus narices y las venas se revelaron en sus ojos. Ahí estaban, uno frente otro, listos para iniciar la danza macabra que marcaría el fin del combate. El joven lanzó el primer tajo y los filos de obsidiana estallaron contra el escudo de su rival. Las maderas entretejidas y los cueros curtidos aguantaron el golpe. El huejotzinca sonrió. Su rostro se transformó en la máscara del inframundo, en la mueca que anhelaba la vida del joven.

Moctezuma no podía darle respiro. Un instante de flaqueza sería suficiente para que lo destrozara. El miedo se acercaba, los golpes volvían inútil su arma. No podía girarla para usar las otras navajas. Tenía que resistir, esperar el instante en que podría matarlo. Lo golpeó con su escudo y el cuerpo del huejotzinca quedó expuesto: el tajo fue implacable y su arma sólo se detuvo cuando chocó con los huesos del cuello. El chorro encendido trazó una curva y Moctezuma lo sintió en el rostro. Estaba espeso, caliente. El guerrero cayó de rodillas y le dio un nuevo golpe. El casco se partió y el enemigo murió frente a sus ojos.

*

Moctezuma levantó la vista, la batalla casi había terminado. Los dioses estaban del lado de los mexicas. Los enemigos se retiraban a golpes y filos de obsidiana. Instintivamente tomó la maza de su enemigo y se preparó para correr tras los huejotzincas. La furia aún no lo abandonaba, la sed de sangre y vidas lo obligaba a seguir adelante. Los cuerpos retorcidos no saciaban el hambre del nahual. Él necesitaba capturar a uno de los grandes para que su nombre sonara en los cielos.

Una mano lo detuvo.

—No vayas, no tiene caso —dijo Yólotl.

Moctezuma no pudo seguir avanzando.

Debía obedecerlo aunque sus almas le exigieran la captura que lo llevaría a la gloria.

Poco a poco, los fuelles de su pecho recuperaron el ritmo. El olor del lodazal enrojecido y los gritos de los heridos comenzaron a imponer su presencia. Los ojos de Yólotl se detuvieron en el caído. Poco a poco se hincó a su lado y le dio la vuelta. El rostro era irreconocible. El golpe de las navajas había transformado su piel en jirones y uno de sus ojos se había convertido en una mancha oscura.

Con calma, sus manos tocaron las heridas hasta que quedaron tintas.

—Ven, acércate —ordenó al joven.

Moctezuma cerró los párpados para sentir los dedos que trazaban en su rostro los signos de la victoria.

Cuando el movimiento terminó, los abrió con orgullo, pero el rostro adusto del guerrero estaba a punto de revelar su desaprobación.

—No estuvo mal, casi lo lograste —dijo Yólotl.

Moctezuma quiso responder, pero sus palabras se ahogaron.

—Los macehuales deben morir en el campo, los grandes en el altar —murmuró Yólotl sin que la victoria asomara en su voz.

Su triunfo no era suficiente. La furia lo había obligado a ignorar las palabras que Yólotl le había dicho en el calmecac: él debía capturar al guerrero para entregarlo a los dioses. Esta batalla no era para castigar ni para conquistar, su fin era sagrado y no pudo cumplirlo.

Sin decir una palabra y con la mirada baja siguió los pasos de Yólotl. El suelo estaba húmedo y la oscuridad enrojecida apocaba el ocre de la tierra.

*

Poco a poco sus ojos comenzaron a recorrer el campo de batalla, los cuerpos sin espíritus eran arrastrados por sus compañeros. Ninguno sería llevado a Tenochtitlan, todos arderían en una pira que mantendría las llamas durante muchas horas. Tuvieron suerte. Su muerte había sido buena, la de los miserables también era la correcta; sus casas, vacías de hombres, quedarían a cargo de sus barrios; sus mujeres y sus hijos jamás padecerían hambre, nunca faltaría alguien que les acercara algo para llevarse a la boca. La fortuna de los heridos era distinta: los que tenían las entrañas de fuera y los que sentían cómo los huesos quebrados se adentraban en sus músculos no tenían más remedio que anhelar el fin de sus días. Nada, o casi nada podría hacerse por ellos.

Moctezuma siguió avanzando entre los cadáveres, sólo se detuvo al ver a uno de sus compañeros en el suelo.

Se arrodilló, y en ese momento una voz lo obligó a levantarse.

—Déjalo, la gloria tiene que alcanzarlo —ordenó Yólotl.

Moctezuma le abrió los párpados y se levantó. Había que seguir adelante mientras el caído observaba la llegada del dios Descarnado.

Entonces empezó a buscar el yelmo. La imagen del colibrí de Huitzilopochtli era una ausencia, una ofensa que no podía ser lavada. Tízoc no había estado en la batalla, se había quedado lejos, el miedo le había impedido tomar las armas. El Tlatoani era un cobarde y Moctezuma se preparaba para ser un cuachic, un cabeza rapada que llevaría a sus cautivos hasta el altar donde los dioses y las armas se quedarían marcados en su cuerpo.

—No pienses en él... algunos llegan al trono sin merecerlo —dijo Yólotl, la vena que surcaba la frente de su discípulo había delatado sus pensamientos.

Moctezuma asintió.

—No importa que nunca te lo haya dicho, tú lo sabes... eres como mi hijo y tu futuro no está marcado por la cobardía.

Por primera vez en su vida, Moctezuma escuchó la confesión del guerrero. Yólotl le abrió sus secretos y reveló la razón por la que siempre había estado a su lado. Desde el momento en que Xochicuéyetl lo había traído al mundo, el destino entretejió sus vidas. En aquellos tiempos, Yólotl estaba lejos de Tenochtitlan y junto con los suyos vivía en la frontera del imperio. Ese día, mientras Xochicuéyetl sentía cómo se desgarraba su cuerpo y temía la mirada de Viento de la Noche, él avanzaba al frente de las tropas mexicas. El fuerte donde vivía se quedó al cuidado de unos cuantos soldados. Las armas del guerrero enrojecieron, pero la victoria sobre los hombres que se negaron a pagar el tributo no pudo ser festejada: las gruesas líneas de humo que marcaban el cielo eran el anuncio de la desgracia. Los mexicas habían caído en la trampa.

Cuando Yólotl se adentró en el caserío, la presencia del Descarnado le asesinó las almas: el cuerpo de su hijo estaba marcado por las dentelladas de los atacantes y sus muslos eran jirones. No se atrevió a tocarlo, sus dedos no podían sentir la frialdad del rostro al que habían arrancado los ojos. Los coágulos que manchaban su cuerpo eran el recuento de la tortura que no se detuvo ante el llanto del que no podía pronunciar palabras. Su mujer estaba tirada a unos cuantos pasos con la ropa desgarrada. Su sexo sangraba y su rostro tenía las marcas de los golpes, los párpados delicados eran hinchazones moradas, la nariz recta era un amasijo y sus pechos se habían convertido en las heridas que nacen de la amputación. Su respiración había perdido el ritmo, su voz sólo era un gruñido que suplicaba por el fin del dolor.

Yólotl se hincó a su lado. La muerte estaba cerca.

El guerrero cerró los ojos durante un instante y tomó el cuchillo que colgaba de su cintura. Como nunca antes, el peso del arma se ensañó con su mano. Con cuidado le intentó cerrar los párpados a su mujer. Su mirada no debía perseguirlo.

65

Apretó el puñal y comenzó a clavarlo en el lugar preciso. El movimiento tenía que ser rápido, pero las costillas de su esposa detuvieron su avance. Yólotl empujó con fuerza. El cuerpo se arqueó y el silencio se adueñó de su boca.

Se levantó sin pensar en los funerales. Las llamas que darían cuenta de los cadáveres podían esperar. Su mano se alzó y los guerreros lo acompañaron para buscar venganza. No tardaron mucho en alcanzar a los atacantes. Ninguno murió en el combate, todos fueron capturados y la lentitud de la tortura se adueñó de sus cuerpos. Ellos desearon la muerte mil veces antes de que la vida los abandonara. Los dientes de Yólotl rasgaron su carne y su lanza la penetró como si fueran unos cuilloni.

Volvieron y el fuerte se levantó de las cenizas. La venganza le devolvió el honor al imperio.

Yólotl fue llamado a Tenochtitlan. Los nombres de su esposa y su hijo fueron devorados por el silencio que ensombreció su mirada. El Tlatoani lo premió por su furia, el calmecac lo necesitaba. El guerrero aceptó con el espíritu seco, pero una mañana, al mirar al hijo de Axayácatl, descubrió al que había nacido para salvarlo de las tinieblas.

*

La noche llegó al campamento de los mexicas. Algunos todavía tenían ánimo para festejar la victoria y otros miraban las piras donde estaban los caídos que acompañarían al sol. Las carnes que se retorcían por las llamas avanzaban hacia la gloria. Ahí, en el señorío de la muerte, sólo unos cuantos estaban lejos de todo. El triunfo no bastaba para sanar sus almas, para curarlos del dolor y la vergüenza.

—Tú debes saberlo —dijo Yólotl.

Moctezuma permaneció callado.

La luz de la hoguera iluminaba el cuerpo del guerrero y trazaba sombras en su rostro. El olor de los muertos que se tatemaban flotaba sobre el campo de batalla. Los gritos de dolor se habían ahogado.

El tono de Yólotl era siniestro, absolutamente convencido de que sus dichos eran definitivos y apenas debían pronunciarse ante unos pocos.

—Aunque yo no lo quiera, tú debes saberlo y una palabra en contra será de muerte —dijo.

Yólotl no mentía, las telarañas del inframundo eran la marca de su verdad.

—Todavía puedes irte, pero después de que me escuches quedarás maldito y la luz se alejará de tus pasos —volvió a decir.

Moctezuma negó con un gesto.

No podía hacerse a un lado, tenía que seguirlo sin que le importaran las consecuencias.

—Me quedo, estoy contigo —respondió.

—Tízoc no puede seguir en el trono, la muerte tiene que llevárselo. La guerra es lo nuestro. Tú lo sabes, todos nos odian y tienen razón, los vencemos y nos alimentamos de su carne. Nos tienen miedo y sólo esperan un momento de flaqueza para atacarnos. Ellos saben que si el Tlatoani es cobarde, podrán avanzar hacia nuestra ciudad. Su venganza no dejará piedra sobre piedra. Nuestra vida es la guerra, nosotros matamos para vivir, y cuando dejemos de hacerlo el Descarnado vendrá por nosotros.

Moctezuma asintió.

Las palabras de Yólotl no lo sorprendieron. Aunque nunca las hubiera pronunciado, ambos sabían que estaban tatuadas en sus corazones. En silencio tomó su arma.

—No, así no… la muerte puede llegar de muchas maneras.

*

Aunque todos trataron de ocultar la verdad, Moctezuma la conocía sin máscaras. El rostro de Tízoc amaneció contrahecho. De sus labios fruncidos colgaba un hilo de baba verdosa y sus ojos estaban absolutamente blancos. El vómito y la mierda trazaban mapas terribles en su lecho, las suaves pieles que cubrían los petates contaban la historia de su agonía. El mal había entrado por su boca y sus entrañas se habían convertido en andrajos.

Apenas unos cuantos pudieron sentir dolor por el fin de su vida. Cuando los hombres desnudos y pintados de negro terminaran de alimentar el fuego que consumiría el cuerpo del Tlatoani, sus días valdrían menos que una jícara rota. Ellos, los cobardes que se sumaron a Tízoc y los ansiosos de riqueza que apostaron a su reinado, morirían a manos de los guerreros y, si la suerte no estaba de su lado, sentirían las manos esqueléticas mientras los hechiceros pronunciaban conjuros fatales que los devorarían sin que pudieran evitarlo.

Los bravos habían triunfado. Ahuízotl se sentaría en el trono de Tenochtitlan.

III

Sólo unos pocos elegidos ocupaban un lugar en el recinto sagrado. Lo que ahí sucediera podía transformarse en una maldición, los dioses hablarían y los hombres tendrían que obedecerlos sin que les importaran las consecuencias de sus designios. Nadie, por poderoso que fuera, sería capaz de desobedecerlos. Ahuízotl, los señores de Texcoco y Tlacopan, los grandes consejeros y los guerreros más bravos eran los únicos que podían enterarse de los presagios. Sin importar lo que pasara, sus sombras no se perderían por el espanto. Ellos eran los únicos que podían resistir la revelación que tal vez tendría el filo de la obsidiana, sólo ellos serían capaces de enfrentarse a la calavera sin que sus cuerpos temblaran.

La verdad, si era desfavorable, jamás sería revelada a los macehuales, los hombres de los barrios tenían que seguir convencidos de que los dioses estaban a su lado, sólo así los acompañarían en el camino que los conduciría al final de sus días. Ninguno de los que se enfrentarían a los enemigos con el cuerpo casi desnudo podía darse el lujo de flaquear en el combate. La certeza de la derrota no podía convertirse en la podredumbre que se alimentaría de sus almas flacas. Su muerte, a pesar de lo que dijeran los todopoderosos, tenía que ser magnífica.

Los rivales tampoco podían conocer el augurio de la desgracia, la certeza de un vaticinio adverso los haría más fuertes y la fatalidad asesinaría a los mexicas y sus aliados. Sin sangre y corazones, los amos del universo les voltearían el rostro; sin los tributos y los hombres que llegaban para trabajar desde los pueblos dominados, el poderío del pueblo del sol eclipsaría. El odio atravesaría las montañas, cruzaría las aguas y cobraría venganza. Su alternativa era clara: la muerte en la guerra o la victoria del imperio.

*

Los cuerpos pintados de rojo o negro tenían los avíos de los dioses y las armas estaban listas en sus zarpas. Los penachos y los collares, las orejeras y los bezotes estaban quietos, los chiflones no se atrevían a retarlos. El mundo estaba nervioso y Tenochtitlan se alejaba del ajetreo de todos los días. Los gritos de los embarcaderos y el incesante murmullo de la ciudad se habían apaciguado. Ninguno levantaba la voz, nadie bromeaba; en todo el valle no existía alguien que se atreviera a luchar contra los susurros del desasosiego. Los amos del universo no querían cascabeleos, sólo exigían silencio y espera.

Ninguno de los que se encontraban en el recinto se movía, sus músculos estaban tan tirantes como las cuerdas de los arcos que aguardan la orden del disparo. A pesar de esto, sus pensamientos corrían desbocados sin que sus rostros se atrevieran a mostrarlos. El futuro era una sombra, unas fauces que podían devorarlos en un pestañeo. Todos sabían lo que estaba a punto de suceder, las ruedas del tiempo habían llegado al día preciso y algunos no volverían. El lugar olía a cadáver. Los coágulos que teñían los muros contaban la historia de los sacrificios que invocaban las moscas. El tenue zumbido no tenía rivales. Estaban callados, aguardando el momento en que llegaría el sacerdote que tal vez se había transformado en la diosa madre.

*

Moctezuma no estaba lejos, apenas unos cuantos pasos lo separaban del lugar donde estaban los poderosos. Su cuerpo pintado de rojo, sus sienes amarillas y sus manos armadas sentían el peso del momento. El dolor en la base del cuello no le mentía. Cerró los ojos y comenzó a moverse con lentitud. Ningún ruido podía delatar su rigidez. Sus pasos revelaban los años de entrenamiento: él era el jaguar que anhelaba la piel manchada con la fuerza de la noche, el águila que rogaba por las alas que le permitirían acompañar al sol, la cabeza que ansiaba la navaja que sólo le dejaría la cresta de cabello que lo identificaría como un cuachic, uno de los guerreros más bravos. El rumor monocorde que invocaba a la descarnada era su único dueño; allá, en el recinto sagrado, los poderosos oraban para conocer el futuro. Moctezuma se estiró con cuidado para enfrentar la tensión que anudaba su espalda con una lentitud exasperante.

Las ruedas del tiempo también se habían detenido para él, antes de que el sol agonizara, Moctezuma avanzaría con los guerreros para que su historia se escuchara en todas las bocas. Apenas faltaban unos días para que él cambiara por completo. La piel del hombre que había traicionado al Tlatoani abandonaría su cuerpo, los murmullos que lo perseguían desde el asesinato de Tízoc serían condenados al silencio y él se adueñaría de su destino. Ante la corte y el ejército, Moctezuma tenía que ser mucho más que un asesino que se sumó a Ahuízotl.

*

A pesar de las maldiciones y los murmullos, el pasado ya no le pesaba a Moctezuma: su padre apenas era una imagen en los libros pintados que narraban historias inmaculadas. Su derrota ante los purépechas estaba olvidada y los ojos viscosos fueron sustituidos con la mirada de obsidiana y la lengua de pedernal; las crónicas de la victoria sobre los tlatelolcas y la inauguración del gran templo de Tenochtitlan ocultaban su desgracia. Los miles de sacrificados que enrojecieron el santuario eran una buena razón para no hurgar en la memoria. Como hubieran sido, los tlatoanis muertos se transformaban en los héroes de una historia que nunca dejaba de reescribirse; en los libros sagrados, los mexicas jamás habían sido vencidos. Los muertos de hambre no podían conocer los secretos de las batallas adversas.

El recuerdo de Xochicuéyetl tampoco arañaba su cuerpo, la leche de sus pechos lo había condenado a ser el que era. A Moctezuma apenas le quedaba un consuelo deslavado: la muerte había sido buena con ella, el mal parto de un bastardo le había abierto el camino del cielo. Ella acompañaba al sol en su ruta al ocaso y eso era suficiente. Los rumores contaban que nunca habría podido parir al ser que cobijaban sus entrañas, ese niño sólo era resultado de la debilidad de Tízoc, del hombre que trató de derrotar al espectro de su hermano en el cuerpo de la que fuera su esposa. Eso le bastaba para consolarse. Ella nunca había sido la primera y terminó sus días postrada ante las mujeres del Tlatoani que le contaban las tortillas y se burlaban de sus nalgas aguadas.

Los otros recuerdos debían largarse al territorio del olvido que se niega a mirar los deseos no cumplidos. Aunque muchos guerreros y cortesanos pensaran lo contrario, la desventura de su madre no le dolía: ella había tenido el destino que siempre aguardaba a las esposas de los soberanos muertos, y él, en el momento en que tomó sus armas para asesinar a los hombres de Tízoc, no sintió el placer de la venganza por lo que había sucedido a Xochicuéyetl. Los cadáveres de los nobles y los comerciantes apenas eran parte de los cuatrocientos que debían caer antes de que se sentara en el trono.

Moctezuma ya no era el niño que temblaba en las noches mientras las navajas y las púas herían su cuerpo en la oscuridad del calmecac, tampoco era el joven que deseaba el fin de los castigos y cerraba los ojos ante sus compañeros caídos, y mucho menos era el hijo que buscaba los ojos de Axayácatl. El crío que se había amamantado con hiel también estaba muerto. Moctezuma era otro, su vieja piel sin vellos había sido abandonada en el campo de batalla y su carne joven se había quedado junto a los lechos de los que sintieron el filo de las armas que terminaron con el reinado de Tízoc. Él era el nahual, el vengador, el que mata sin que las almas le duelan.

En esos momentos, sus privilegios no eran escasos. Aunque muchos de los grandes lo miraban con extrañeza, Ahuízotl y Yólotl le concedieron la gracia de que los acompañara hasta la entrada del recinto sagrado. Moctezuma aún no había alimentado a los dioses, pero la bravura en su primer combate y el apoyo a los asesinos de Tízoc bastaban para justificar su presencia. Mientras el cuerpo del Tlatoani se retorcía en su lecho, él nunca se acobardó, se jugó el todo por el todo y su lealtad a Ahuízotl quedó sellada con un crimen. El miedo a que el espectro de su tío lo torturara en los sueños no detendría sus armas. Moctezuma mató a los que tenía que matar. Su puñal era más peligroso que las maldiciones de los hechiceros. Sin embargo, a él le pesaba estar fuera del recinto. Necesitaba pararse junto a los grandes señores y los guerreros todopoderosos, quería sentir el poder de las miradas bajas y observar los labios que se manchaban con el polvo.

*

Más allá del lugar donde estaban los principales, en la gran plaza y las casas, las mujeres eran incapaces de contener su dolor. La muerte era una culebra que les apretaba el cuerpo para condenarlas a la soledad. Ninguna sabía si sus hombres volverían. Sus maridos y sus hijos cogerían con la muerte. Desde ese instante y hasta que todo terminara, ellas dejarían de lavarse la cara y sus cabellos sentirían la dejadez absoluta. La limpieza abandonaría su cuerpo y las lágrimas no podrían limpiarlo. Las hijas y las madres sólo saldrían de sus hogares cuando la noche fuera la dueña del universo, primero barrerían las entradas de sus casas con sus escobas de varas y después caminarían hacia los templos con cazuelas y sogas en las manos.

Ahí, al pie de las escalinatas oscurecidas por los incesantes sacrificios, les entregarían la comida a los sacerdotes para rogar por la vida y la gloria de sus hombres. Su llanto y su tristeza serían inmensos, pero ellas tendrían que tragárselos aunque el dolor las ahogara. Las cosechas se habían levantado y la guerra volvía. Ellas, al igual que todos los habitantes de Tenochtitlan, esperaban el lamento de los caracoles y el tronar de los tambores que anunciarían la partida hacia los campos donde se revolcarían con la descarnada.

*

El sonido de los pasos del sacerdote apenas podía escucharse. Sus sandalias se movían despacio. Los dioses exigían espera, tensión. Poco a poco la luz comenzó a revelarlo: las gruesas costuras atravesaban el lado izquierdo de su rostro, y en la espalda las toscas puntadas ajustaban la piel de la sacrificada para que se amoldara su cuerpo. El cuero todavía estaba fresco. Las gotas de sangre y grasa marcaban sus pasos.

El sacrificio de la mujer fue inmaculado. Después de que bebió el pulque de los dioses, ella se entregó sin resistirse. La sonrisa de la dejadez estaba en su rostro. Apenas convulsionó cuando el cuchillo penetró su carne y las manos del sacerdote hurgaron en su pecho. Con el corazón de fuera, las navajas comenzaron a desollarla. Los cortes eran precisos, absolutamente perfectos. Gracias a su piel, el ciclo de la vida y la muerte podría reiniciarse.

El sacerdote comenzó a moverse frente a los grandes señores y los guerreros. Sus brazos se torcían, sus manos se transformaban en garras y su espalda se arqueaba hasta perder su vieja apariencia. Poco a poco, el sonido de los tambores y el humo del copal se adueñaron de su cuerpo. La piel de la mujer colgaba sobre su rostro para revelar la mirada de los dioses que reclamaban vidas y corazones. Danzó y danzó sin detenerse hasta que los poderosos se sumaron al baile. Los pasos eran frenéticos, los gritos de guerra se escuchaban en los corredores, y afuera, delante de todos, los caracoles sonaron.

Así siguieron y la piel pasó de cuerpo en cuerpo hasta que todos quedaron marcados por sus excrecencias. Los grandes abandonaron el recinto con la carne teñida y las huellas de la muerte florida. La victoria no les sería negada por los dioses.

IV

Las tropas de Tenochtitlan, Texcoco y Tlacopan avanzaban como langostas. Los graneros que se encontraban a su paso quedaban vacíos y los pocos hombres que trataban de detenerlos se convertían en la sangre que alimentaba la tierra seca. Desde el instante en que la guerra se decidió, Ahuízotl renunció a la sorpresa, los soldados de Cuautla debían saber que los mexicas se acercaban y que nada ni nadie podría derrotarlos. El Tlatoani quería que el horror los atenazara antes de que la batalla definitiva se mostrara en el horizonte.

Los pasos de los guerreros no estaban marcados por la prisa, su lentitud estaba calculada. En las noches, mientras los soldados mezclaban las harinas de amaranto y chía con la miel de los magueyes y mascaban los trozos de las tortillas tostadas, los grandes se reunían frente a la hoguera más poderosa. Sus cuerpos tenían las marcas de las espinas, de los punzones de hueso y las navajas que habían alimentado a los dioses; ahí también estaban las largas cicatrices que revelaban las batallas que los cubrían de gloria. Sólo entonces podían hablar, sus palabras eran la crónica del eterno combate que se inició cuando los mexicas sacrificaron a sus primeros enemigos sobre las biznagas: el desollamiento de la hija del Señor de Colhuacan, la unión que ató los destinos de Tenochtitlan, Texcoco y Tlacopan, la derrota de los tepanecas y los tlatelolcas, el nacimiento de las guerras floridas en tiempos del primer Moctezuma y las hazañas de los guerreros que acompañaban al sol se repetían como una plegaria que invocaba al pasado para desencadenar la furia que nunca quedaría satisfecha, el hambre de los dioses era insaciable.

Moctezuma guardaba silencio, sus historias valían menos que los granos de maíz con gorgojos. Los hombres que habían caído por el filo de sus armas no tenían valor. Su sangre no se derramó en el templo. A pesar de las batallas, aún no había logrado capturar a un gran guerrero para alimentar a los dioses, los cadáveres caídos antes de tiempo lo alejaban de la gloria. Y ahí, frente al fuego, sólo podía escuchar para adueñarse de las historias, debía quedarse callado hasta que llegara el momento en que sus hazañas pudieran ser contadas.

*

Siguieron avanzando. Nadie podía detenerlos. La calaca estaba suelta y caminaba al frente de las tropas mexicas junto a los sacerdotes que abrían la marcha. La sangre y el fuego se apoderaron de los campos. Uno por uno, los combates se decidieron a favor de los guerreros de Tenochtitlan y sus aliados. Así siguieron, avanzando, matando, capturando a los hombres que alimentarían a los dioses en el gran teocalli.

Así continuaron hasta que llegó la batalla definitiva. Desde el momento en que el sol se asomó entre los cerros y hasta el instante en que enrojeció el horizonte, las tropas se enfrentaron en las cercanías de Cuautla. Los bramidos de la furia y los aullidos del dolor se impusieron a cualquier otro sonido. La descarnada corría entre los guerreros y los besaba para llevárselos. Sus almas no se habían ido al cielo aún cuando Ahuízotl levantó su arma. No tenía sentido continuar, los dioses les habían mentido a los guerreros de Cuautla o, tal vez, sus poderosos se habían tragado los augurios para tratar de ocultar lo inevitable, los amos de todas las cosas estaban del lado de los mexicas.

Moctezuma caminó entre los muertos. Sus ojos se detuvieron en los zopilotes que vaciaban las cuencas de los caídos y hurgaban entre los músculos aún calientes. El olor del hígado guiaba sus picotazos. Los cuerpos de los mexicas que habían entregado sus vidas ya no estaban en el campo, sólo quedaban los soldados de Cuautla que no merecían la caricia de las llamas. Algunos de sus hombres lo seguían a unos cuantos pasos. Ninguno tenía la mirada baja. Sus torsos sentían como los coágulos se secaban sobre su piel para tatuar la victoria. En sus manos estaban los mecates que sujetaban a los cautivos: cuatro guerreros marcados con los signos de la nobleza que serían sacrificados a los dioses.

La pestilencia de las vísceras expuestas se entrelazaba con el humo que llegaba desde las piras donde se consumían los cadáveres de los guerreros mexicas. El aire era espeso y el campo estaba erizado por las armas que seguían clavadas en el suelo. El silencio apenas era desafiado por el lejano crepitar de la leña y las llamas que se alimentaban de los caídos. Los gritos de dolor estaban ahogados y la luz del sol comenzaba a ser suplantada por las hogueras.

*

Moctezuma detuvo sus pasos. Frente a él estaban Yólotl y el Tlatoani. Aunque los filos de sus armas estaban destruidos, las mantenían en sus manos. La bendición de la sangre las acariciaba. Con una señal apenas notoria lo invitaron a acercarse.

—Era lo que esperábamos —dijo Ahuízotl mientras observaba a sus cautivos.

Moctezuma bajó la mirada y asintió.

Las palabras no tenían ningún sentido. Los macehuales que habían teñido sus armas y los guerreros que capturados bastaban para que sus deseos se cumplieran. En las noches, los grandes soldados comenzarían a narrar sus hazañas y sus voces se entretejerían con las glorias del pasado. El cuerpo pintado de rojo y con las sienes amarillas pronto dejaría de existir: el jaguar recibiría su piel, el águila tendría sus alas, y la cabeza conocería la navaja que lo transformaría en un cuachic.

*

A pesar de su victoria, Yólotl y el Tlatoani lo observaban con cuidado. La confianza de Ahuízotl siempre era frágil. Su mirada buscaba una señal que revelara un mal presagio, un vestigio de traición. El asesinato a Tízoc los ataba y el soberano no tuvo más remedio que aceptar la única posibilidad que tenía, la ingratitud era imposible. Lo mejor era confiar, por eso no lo enviaría a una misión que terminaría con una flecha en la espalda. Moctezuma podría vivir, ninguno de sus hombres lo mataría a traición. Él era uno de los pocos que debían sentarse a su lado. Valía más que así fuera. Ahuízotl jamás olvidaría que el joven estaba dispuesto a matar y que atacaba en el momento menos esperado. Lo mejor era tenerlo cerca para que comiera de su mano, lo correcto era que obtuviera los honores que lo ataran a su persona.

—Ve con los tuyos, festeja —dijo mientras lo tomaba del brazo.

Su mano era la certeza del apoyo, la confirmación de su victoria, la bienvenida al mundo de los poderosos.

Moctezuma asintió y volvió sobre sus pasos.

*

Lo mejor era alejarse. La cercanía con el Tlatoani podía delatarlo. La falsa modestia y los ojos bajos eran su única opción. El orgullo sin freno podía matarlo con las envidias que apenas quedarían satisfechas cuando los hechiceros pronunciaran su nombre.

Moctezuma debía regresar con los guerreros que lo acompañaban desde sus tiempos en el calmecac, ellos tal vez lo apoyarían y quizá se convertirían en sus hombres de confianza, en los que probablemente nunca lo traicionarían. Sus compañeros de armas eran los únicos con los que podía contar en ese momento. Es cierto, Ahuízotl y Yólotl estaban de su lado, pero eso no era suficiente, el Tlatoani lo abandonaría a su suerte si los vientos cambiaban de rumbo. Un movimiento equivocado, una mirada errónea o una palabra a destiempo serían suficientes para que se hiciera a un lado y sus enemigos se lanzaran en su contra. La certeza de que el cuchillo podía remediarlo todo, le permitió acercarse a sus guerreros, la mínima duda provocaría el fin de sus días. La lección de Tízoc era indudable, todos pueden traicionarte.

Sus pasos no se apuraron, quería que todos lo observaran mientras caminaba frente de sus prisioneros con la mirada baja y la sumisión a cuestas. Nadie debía dudar de su hazaña, a él no le ocurriría lo mismo que a Tízoc en su primera campaña, cuando los guerreros tuvieron que renunciar a sus cautivos con tal de que el Tlatoani no regresara a Tenochtitlan con las manos vacías.

*

La hoguera liberó las lenguas y las historias del combate corrieron sin ataduras, la felicidad y las bromas se ataban con las glorias. Moctezuma apenas habló de sus cautivos, cada una de sus palabras recordó y exageró los hechos protagonizados por sus compañeros. Eso era lo correcto. Su voz no podía mancharse con sus alabanzas, ellas debían correr por cuenta de otros. Así habrían seguido hasta que el sol asesinara las tinieblas, pero los ruidos de los presos los obligaron al silencio. Los crujidos de las maderas, las respiraciones entrecortadas, las maldiciones contenidas y el jaloneo de las cuerdas fueron suficientes para que abandonaran las palabras.

La vena de la ira se marcó en la frente de Moctezuma. Los ruidos interrumpieron el momento preciso en que sus hombres comenzarían a hablar de sus glorias. Con los labios apretados y las manos sin armas comenzó a caminar hacia donde estaban los prisioneros. Uno de sus compañeros siguió sus pasos. El guerrero victorioso no podía presentarse inerme. La descarnada quizá no estaba satisfecha con los cuerpos que habían quedado en el campo. Nada era peor que ser asesinado por un cautivo que pudo escapar, la victoria se esfumaría y en su lugar nacería el retorcido feto de la derrota.

Sin embargo, cuando estaban a unos cuantos pasos, Moctezuma le ordenó que se detuviera. Necesitaba mirarlo sin que nadie lo viera, sin que las lenguas tuvieran motivo para desanudarse y darle gusto al chismarajo.

El cautivo se esforzaba por romper sus ataduras. El sudor recorría su torso desnudo y sus muñecas estaban enrojecidas por las cuerdas que se negaban a ser rasgadas. Moctezuma lo miró con calma, la vena que surcaba su frente desapareció por completo, poco faltaba para que ese hombre se convirtiera en una bestia que podía arrancarse la carne a mordiscos con tal de recuperar la libertad.

Sus ojos se encontraron.

El vencedor tomó su brazo. Su prisionero no podía empañar su victoria, él sólo debía capturar a los valientes.

—No sigas... no tiene caso —dijo Moctezuma.

En su voz, la ira era una ausencia. En sus palabras no había amenazas, cada una de sus sílabas parecía un consuelo, un recordatorio que obligaba a aceptar lo inevitable.

El guerrero de Cuautla lo miró con odio y volvió a tratar de romper las cuerdas que lo sujetaban.

—Acéptalo, no puedes huir, no tiene caso que huyas... los dioses ya decidieron tu destino —volvió a decir.

Sin miedo, se puso en cuclillas y lo observó.

Quería descifrarlo, necesitaba comprender los resortes que movían la deshonra. Él, si acaso caía en manos de los enemigos, nunca podría huir. Si los dioses decidían su muerte, sólo existía la posibilidad de aceptarla y avanzar hacia el templo para entregar su corazón.

Con calma volvió a tomar su brazo, sus movimientos eran casi los de un amigo, los de alguien que puede comprenderlo todo.

—Tú no puedes ser un cobarde —murmuró—, tú no puedes darte el lujo del miedo. Si fueras un macehual y volvieras a Cuautla, todos te recibirían con honores, pero no eres un muerto de hambre. Tú eres un guerrero, un noble; por eso, si es que vuelves, los tuyos te matarán como si fueras un perro… Acéptalo, tu muerte será magnífica y no puedes negarte a ella.

Moctezuma se levantó para regresar a la hoguera.

El cautivo bajó la mirada. Tal vez, si los dioses se apiadaban de él, podría derrotar a alguno de sus enemigos en la piedra sacrificial donde los cautivos entregaban la vida en un combate perdido de antemano.

*

Esa noche, los ojos de Moctezuma no conocieron el descanso. Cuando el silencio se adueñó del campamento, se adentró en la espesura del bosque. Ninguno de los vigías trató de detenerlo, nadie fue capaz de ofrecerle su compañía y su protección. Era claro que necesitaba estar solo.

Cuando la lejanía fue suficiente, Moctezuma se arrodilló. Los zopilotes ya habían huido a sus nidos y los coyotes estaban muy lejos, el ruido de los guerreros que celebraban era más poderoso que el olor de la carroña. Lentamente hurgó en su morral hasta que sus manos encontraron el objeto deseado: el hueso de jaguar, largo y puntiagudo, reflejaba la blancura de la luna; sólo los grabados que se habían teñido interrumpían el color inmaculado. Tenía que enterrárselo, necesitaba ofrendar la sangre que agradecía la victoria. Sin embargo, una imagen comenzó a rondarlo, el recuerdo de Tonahuac regresaba sin que pudiera evitarlo.

El cuerpo derrotado se mostró en su corazón y Moctezuma tuvo que recordar el día que volvió a verlo. Varios años habían pasado desde que las puertas del calmecac se habían abierto para mostrar su vergüenza. En aquella ocasión, su antiguo compañero se acercó con una sonrisa y trató de tomarle el brazo. Su amistad seguía firme, dispuesta a seguir adelante. Moctezuma se negó a que sus ojos permanecieran sobre Tonahuac; incluso, con un movimiento casi discreto, impidió que su mano lo tocara. El asco lo obligaba a actuar de esa manera. La piel de los cobardes y los deshonrados no podía rozarlo.

Moctezuma no podía tener ataduras con ese pasado. Tonahuac era un caído, él era el guerrero. Sabía que los amigos eran peligrosos y hacían flaquear a los poderosos. Los amigos lo perdonaban todo, y todo lo justificaban sin detenerse a pensar en las consecuencias. La amistad siempre mata con la dulzura de la comprensión. Los hombres de confianza eran peligrosos, enflaquecían el espíritu con sus palabras condescendientes y le abrían el camino a la derrota. Ellos eran una debilidad, un flanco descubierto, una rajadura en la coraza. Entonces lo supo, sus hombres jamás serían sus amigos, ellos eran las piezas del juego y él sería el único ganador.

Los enemigos y los traidores eran preferibles, siempre obligaban a la victoria, a la falsedad que oculta los planes, al comportamiento impecable que estrangula los rumores y embellece los defectos. Los poderosos no necesitan amigos. Moctezuma anhelaba rivales y sólo deseaba que los hombres se convirtieran en sus aliados en el momento preciso y murieran cuando fueran innecesarios. La última escena de su destino estaría escrita en los puñales, en los hechizos, en las batallas donde una flecha que se pensaba aliada les arrebataría la vida. Tonahuac debía desaparecer de su cabeza y sus sueños, tenía que convertirse en una página en blanco, en una sombra engullida por la negrura.

Cerró los ojos para sentir el dolor en la pantorrilla, sólo la sangre que manchaba el hueso de jaguar podía destruir la amenaza de debilidad. Tenía que seguir moviéndose entre los mundos sin que nadie descubriera sus intenciones. Él sería el guerrero implacable, el razonamiento indudable; pero también sería el hombre de las fiestas, el que supuestamente está cerca de sus soldados, el que puede bailar sin perder el ritmo y el que puede reírse de las ocurrencias sin sentir la vergüenza en su rostro. Moctezuma sería todo esto, pero también sería un cuachic, en un tequihua que avanzaría al frente de las tropas y las comandaría en las batallas.

V

La victoria no tenía manchas. La cobardía de Tízoc ya no podía empañar el triunfo de los mexicas, el nuevo Tlatoani era poderoso, invencible, capaz de enfrentar a los hombres más bravos y devorar su carne. Después de que los campos de Cuautla se llenaron de cadáveres, las tropas de Ahuízotl entraron a Tenochtitlan con las armas en alto. Junto a sus mejores guerreros caminaban los prisioneros atados, algunos tenían mecates en el cuello, otros estaban amarrados del escroto y a algunos más los contenían las cuerdas en las muñecas. Sus ojos no estaban marcados por la cobardía. Todos aceptaban su destino y miraban al frente con la certeza de que la buena muerte los premiaría.

La ciudad había vencido a sus enemigos y se preparaba para alimentar a los dioses. Los mexicas que tenían la piel marcada con tumores sintieron el filo del pedernal y los niños con dos remolinos en la cabellera se encontraron con la afilada lengua de la huesuda. Su sangre era débil, por eso debía derramarse en los arroyos y los manantiales, en los pozos y las lagunas que alimentarían las semillas. Aquellos males y esa característica invocaban la lluvia. Ahuízotl, acompañado por los sacerdotes, los grandes señores y los guerreros que se ganaron la gloria protagonizaban los rituales que permitirían que la vida continuara. Y ahí, siempre a unos cuantos pasos del Tlatoani, estaba Moctezuma, sus movimientos y su mirada ocultaban su orgullo, su fuerza indiscutible, su avance hacia los sitios privilegiados. Aún no podía mostrarse del todo. El jaguar que se esconde en las sombras era su signo; la serpiente que se enrosca, su marca. En esos momentos debía contenerse. No había más remedio que esperar a que cayera la noche, entonces podría reunirse con los prisioneros que alimentarían a los amos del universo.

*

Cuando los caracoles anunciaron las tinieblas, Moctezuma avanzó hacia el lugar donde estaban los cautivos. Su cuerpo estaba pintado de negro, el blanco que se entreveraba en las plumas de guajolote era lo único que quebraba su oscuridad. Caminaba con la mirada fija. En su mano, la larga navaja de obsidiana estaba firme. Sin pronunciar una palabra tomó el cabello de la coronilla del primero de sus prisioneros. El guerrero trató de resistirse, pero la fuerza implacable lo obligó a quedarse quieto. El tajo fue preciso y con el mechón en la mano se dirigió hacia el fuego sagrado. El olor de los pelos quemados pronto llegaría a los cielos para alertar a los dioses, la sangre correría cuando el sol se mostrara en la orilla del valle. Así siguió. Ninguno de sus cautivos fue capaz de oponerse; sin embargo, al tomar el cabello del último, su voz lo obligó a detenerse.

—Soy un guerrero, soy un noble —dijo el hombre que había tratado de escapar.

Moctezuma lo miró. Sus ojos recorrieron el rostro del prisionero. Era distinto, las ansias de huir y el miedo a la oscuridad habían desaparecido para siempre.

—Lo eres... —respondió.

Una leve sonrisa de aprobación marcó su cara, ninguno de los guerreros que entregarían su corazón sería un cobarde.

—Concédeme una muerte gloriosa —susurró el prisionero sin que en sus palabras se revelara la derrota.

—Así será... juro que así será —respondió Moctezuma y cortó su cabello con mucho cuidado.

*

Los tambores de Quetzalcóatl anunciaban la llegada del amanecer. Moctezuma volvió al lugar donde lo esperaban los prisioneros. Sus pasos eran firmes y su cuerpo tenía las señas de la soberbia. Nadie lo miraba y podía mostrarse sin temor a la envidia. Entró al recinto y los observó con orgullo, las cicatrices de las batallas y los sacrificios contaban las vidas de sus cautivos. Su piel era perfecta, lejana de la lisura de los cobardes. Los ojos del victorioso se cerraron para murmurar una plegaria y su mano comenzó a recorrer la superficie del altar, la piedra porosa lo acariciaba y le susurraba la certeza del triunfo.

Una señal bastó para que el primero de sus presos fuera conducido hacia la piedra de los sacrificios. Cinco de sus soldados los custodiaban. Cuando llegaron ante el altar, lo obligaron a postrarse, sus pies y sus manos quedaron sujetos, y en su cuello amarraron la cuerda que le impediría moverse. El sacerdote ofreció a Moctezuma el cuchillo con el que ofrecería su primer sacrificio. El puñal apenas pesaba y la aspereza del maíz con el que había sido fabricado manchó sus manos. La cal no lo había tocado y los granos molidos conservaban su cáscara. Moctezuma lo tomó, ése era el último paso que lo separaba de la gloria. Entonces cerró los ojos y levantó las manos, el golpe destruyó el cuchillo y la masa quedó marcada en el pecho del cautivo. El sacrificio definitivo vendría más tarde, cuando el sol llegara al centro del cielo, los guerreros entregarían sus prisioneros en el templo.

*

Mientras la luz caía a plomo sobre Moctezuma, los sacerdotes tomaron del cabello a tres de sus prisioneros y los obligaron a subir al gran templo. El miedo se apoderó de sus almas, los dos primeros trataron de huir y terminaron hincándose para rogar por sus vidas. Sus palabras cayeron en el vacío y la mirada de Moctezuma se oscureció por la rabia: la cobardía empañaba su victoria. Los hombres pintados de negro no se detuvieron y a rastras los obligaron a ascender por la escalinata. Los cuerpos raspados alimentaron las piedras labradas. Las almas del tercer cautivo eran distintas. Sin miedo ofreció su cabellera a los sacerdotes y comenzó a subir sin que le temblaran las piernas. Sus labios no se mancharon con la súplica y su voz jamás se oscureció con el miedo. Cuando estaba a mitad del camino se detuvo durante un instante y el grito de Cuautla retumbó en la plaza. Nadie impidió que lo hiciera, su valor merecía ser reconocido.

Al llegar a la cumbre del teocalli, los sacerdotes tomaron los cuchillos de la jícara donde los habían lavado. El agua estaba enrojecida. Mientras murmuraba una plegaria, el más viejo mezclaba polvo de cacao en el recipiente. La bebida de los dioses estaba lista y el cautivo yacía en la piedra: cuatro hombres detenían sus extremidades y uno más sujetaba su cuello con un mecate.

—Bebe —ordenó.

El hombre trato de retorcerse y apretó los labios.

Fue en vano. El sacerdote lo obligó a abrir la boca y vertió un poco de la mezcla sagrada. Tomó el cuchillo. El pedernal era el falo que fecundaría el universo. Lo levantó y con un solo golpe lo enterró en el centro del tórax. A pesar de la resistencia de la piel y la carne, el corte avanzó rodeando las costillas. Las manos del sacerdote se adentraron en busca de la vida que aún pulsaba. El corazón quedó atrapado en sus garras, las gruesas venas fueron arrancadas y salió del pecho con el último aliento. El sacerdote lo miró y con reverencia lo guardó en una vasija. El cuerpo inerte fue arrojado por la escalinata, los peldaños se tiñeron de rojo.

Abajo, los sacerdotes con las cabezas rapadas lo esperaban. Sus cuchillos comenzaron a arrancarle la piel, a separarla de los músculos y la grasa. Los cuerpos desollados no permanecerían incólumes: los filos les abrieron el cuello y separaron las vértebras para liberar la cabeza que se entregaría al tzompantli, el muro donde los cráneos serían atravesados por la sien para mostrar la fuerza de los mexicas. Cada una de esas cabezas era una advertencia que revelaba el destino de los que se atrevían a levantar sus armas en contra de Tenochtitlan.

Los cuchillos de los sacerdotes se detuvieron hasta que el ocaso se adueñó del horizonte. Al final de la jornada, la escalinata del gran teocalli estaba tinta, resbalosa. Casi mil hombres habían sido entregados a los dioses y las moscas más gordas se alimentaban de su muerte. El olor de la sangre coagulada por el calor no podía ser ahuyentado por las flores que los grandes señores y los guerreros se llevaban al rostro. Abajo, junto a la piedra que mostraba a la diosa decapitada, estaban las pieles de los sacrificados.

Moctezuma se negó a recibir las flores que le ofrecieron. Necesitaba que el olor de la muerte se le metiera en el cuerpo. Lentamente volvió la cara, necesitaba observar al último de sus prisioneros.

—Mañana, tu muerte será gloriosa —dijo.

*

El momento había llegado, Ahuízotl lo esperaba y Moctezuma avanzó con la mirada baja. Se hincó frente al Tlatoani y las navajas comenzaron a recorrer su cabeza; los cabellos que caían y el dolor de las pequeñas cortadas fueron su primera recompensa. El joven guerrero ya era un cuachic. Antes de levantarse, sus dedos tocaron la tierra y acariciaron sus labios. El polvo no le supo amargo, la sumisión era necesaria.

—Que la victoria te siga hasta el fin de tus días —dijo Ahuízotl mientras tomaba su brazo.

Moctezuma agradeció en silencio y el Tlatoani se quitó uno de sus collares para entregárselo. Ése era el primer regalo que anunciaba las joyas y las plumas, las armas y las mujeres, las tierras y las copas de oro colmadas de cacao. Pero eso llegaría más tarde y él siempre tendría que mostrarse como alguien indigno: *Mis acciones son insignificantes, mi bravura apenas es un pelo de conejo, mi gloria se oscurece ante la suya*, diría con la mirada clavada en el piso mientras el orgullo corría por sus venas. Poco a poco, sus palabras convertirían sus palacios en pobres casas, al tiempo que sus riquezas se transformarían en inmensas miserias. Su lengua ya podía ofender con la falsa modestia.

Uno a uno, los guerreros que capturaron a los enemigos en la batalla contra Cuautla recibieron sus regalos. Moctezuma permanecía inmóvil y sus labios parecían agradecer a los dioses por lo que jamás merecería. El compás de la plegaria marcaba sus movimientos. Sus oídos buscaban los murmullos y su mirada escrutaba a los que estaban cerca. Algunos lo observaban de reojo y sus pupilas eran pedernales dispuestos a saciar la envidia; otros, al sentir el peso de la riqueza, se volverían cobardes, y las plumas y los honores les quemarían el hígado. Los hombres que lo enfrentarían y los que se harían a un lado ya estaban definidos.

Y así, cuando la ceremonia terminó, todos, sin decir una sola palabra, empezaron a caminar hacia el lugar que los esperaba. Los macehuales seguían sus pasos y sus ojos se quedaban fijos en el cuerpo del cautivo que estaba a su lado.

Se detuvieron ante la piedra sacrificial. El grueso mecate esperaba al guerrero de Cuautla.

—Tu tiempo ha llegado… —dijo Moctezuma.

El prisionero lo miró con orgullo. En el fondo de su mirada estaba el último de los desafíos.

—Nuestro tiempo ha llegado —respondió el hombre antes de dar el primer paso.

Los sacerdotes comenzaron a atar la soga a uno de los tobillos del cautivo. Con gran cuidado tensaron los nudos y sus manos recorrieron las fibras para cerciorarse de que no eran débiles. Le entregaron un escudo y un arma sin filo. En sus bordes, las plumas habían desplazado las navajas de obsidiana.

Moctezuma avanzó hacia el guerrero para iniciar el último duelo. Ambos se movían para encontrar el momento idóneo, para descubrir la piel desnuda que recibiría el golpe. El primer tajo de Moctezuma fue perfecto, una larga línea roja se dibujó en el muslo de su rival. No quería matarlo con rapidez, necesitaba que su cuerpo se tiñera de bermellón antes de arrebatarle la vida. Lo dejó avanzar, le permitió que lanzara los golpes que detuvo con su escudo, pero siempre respondió con una nueva herida.

La piel desgarrada comenzó a imponerse y, en el preciso instante en que su fuerza comenzó a flaquear, Moctezuma dio el tajo definitivo, sus navajas casi destrozaron su cuello y la sangre se mostró como un manantial incontrolable. Sin prisa extendió la mano para que le entregaran una jícara. El líquido espeso debía ser entregado a los dioses.

Cuando cayó el último de los cautivos que enfrentaron el sacrificio gladiatorio, los sacerdotes se inclinaron ante los cuerpos para desollarlos. Las pieles fueron entregadas a sus verdugos y los músculos comenzaron a ser separados, los soldados victoriosos de Tenochtitlan devorarían a sus enemigos para comulgar con los dioses.

*

La vida de Moctezuma cambió, el rostro ceñudo y la sonrisa se alternaban sin que nadie pudiera evitarlo, las manos que apretaban el brazo y las palabras marcaban el rumbo de su camino. Mil veces sus armas probaron la sangre y los cautivos que entregó a los dioses ya sumaban legión. Sus fieles aumentaban tras las batallas, sus aliados crecían en las oscuridades del palacio y las historias de sus triunfos estaban en boca de todos. Poco a poco sus rivales se convirtieron en las sombras que buscaban los rincones, en los conjuros que trataban de apoderarse de sus sueños; los que se atrevían a enfrentarlo se encontraron con la deshonra y una misión que terminaba con una flecha clavada en la espalda. Los arqueros de Moctezuma nunca permitieron que ellos volvieran a Tenochtitlan.

Ahuízotl lo dejaba hacer. Valía más que no lo señalara y su frente jamás perdiera la lisura. Moctezuma aún le era fiel y valía más tenerlo cerca. Con él no funcionaban las telarañas que atrapaban a todos, de nada servía que le entregara riquezas y mujeres, las tierras no lo encadenaban y tampoco tenía sentido que lo invitara a su mesa. Moctezuma jamás bebería más de unos cuantos sorbos de pulque y, cuando los hongos sagrados entraban en su cuerpo, jamás rebelaba los secretos que se escondían en sus almas. Él, oculto tras la modestia y los ojos bajos, sólo anhelaba seguir adelante. Nunca se negó a recibir los obsequios del Tlatoani, pero ellos nada valían junto al trono.

Y así pasó lo que tenía que pasar: la fuerza del guerrero y sus aliados tuvo que ser reconocida, el Tlatoani lo nombró tlacochcalcatl y los arsenales de la ciudad quedaron bajo su custodia; ya después, cuando Ahuízotl no tuvo otra opción, Moctezuma comenzó a sentarse en el consejo supremo que podía elegir al soberano que lo sucedería. Sin que nadie pudiera evitarlo, Moctezuma ya era uno de los herederos del trono.

*

Las noticias de Ayotla llegaron al palacio y el dios de la guerra se adueñó de Moctezuma. Frente a él estaba la posibilidad de la victoria que confirmaría su poder. La batalla no podía llegar en mejor momento, los que aún murmuraban por su presencia en el consejo y escupían sobre su designación como tlacochcalcatl debían quedar condenados al silencio. Una expedición a las tierras de los enemigos indómitos bastaría para que su nombre les helara la sangre.

La reunión con Ahuízotl fue muy breve, el mensaje no podía discutirse: los comerciantes mexicas habían llegado demasiado lejos, y sus riquezas atizaron la codicia de los enemigos y los traidores. Los rumores recorrieron los cerros, las armas salieron de sus escondites y los guerreros de Tehuantepec los atacaron. El primer combate no fue desastroso, los pochtecas y sus escoltas se refugiaron en Cuauhtenanco. Ahí estaban, rodeados por los enemigos que sólo esperaban el momento preciso para adentrarse en la ciudad. La situación era desesperada, las palizadas no resistirían lo suficiente. En unos cuantos días, los guerreros de Tehuantepec quebrarían las defensas y sus armas cegarían la vida de los mexicas.

*

Moctezuma alistó sus tropas y avanzó a marchas forzadas. La pérdida de las riquezas y la certeza de que los enemigos podían asesinar a los comerciantes de Tenochtitlan eran inaceptables. Si el castigo no se labraba con fuego, su ejemplo cundiría y la desgracia no tardaría en asomarse entre los cerros. La respuesta tenía que ser brutal, fulminante.

Durante todo el camino, los guerreros de Moctezuma apenas se detuvieron para tomar un respiro y las noches se trocaron en momentos infinitesimales. Debían llegar, romper el cerco y tomar venganza. A lo largo de varios días siguieron adelante, hasta que en una ruta lejana se encontraron con los mensajeros que venían de Cuauhtenanco.

Moctezuma avanzó hacia los recién llegados.

Los mensajeros se inclinaron y tocaron el suelo con los dedos antes de comenzar a hablar:

—Tlacochcalcatl Moctezuma —dijo uno de ellos—, sea bienvenido. Ya no es necesario que siga adelante, Cuauhtenanco está en manos de nuestro Señor Huitzilopochtli, los mercaderes mexicas cumplieron con su deber.

Los comerciantes le habían arrebatado la gloria y las lenguas de los cortesanos seguirían envenenando su nombre. Los mercaderes que se sentaban con Ahuízotl y se embriagaban sin que nadie pudiera evitarlo, lo habían deshonrado.

—Bien hecho —respondió al mensajero.

A pesar de las palabras, sus tropas siguieron adelante y tuvo que conformarse con ser la escolta de los comerciantes. Su orgullo estaba herido, pero tenía que tragarse la venganza.

*

Antes de que las tropas llegaran a Tenochtitlan, Ahuízotl sabía que las ansias de revancha mordían a Moctezuma, los mensajeros llegaron un poco antes y sus palabras ensalzaron la bravura de los pochtecas. Las armas del hijo de Axayácatl fueron innecesarias. Durante un instante se sintió aliviado, una derrota no le vendría mal al que cada día se volvía más poderoso. Los dioses quizá le daban la espalda y alguno de sus hijos podría sentarse en el trono: Tlacahuepan o Macuil lo merecían más que Moctezuma. Ahuízotl, desde el más allá, podría seguir gobernando a través de sus vástagos.

Sin embargo, la felicidad le duró muy poco al Tlatoani. Esa noche, las sombras se adueñaron de sus sueños. Entre las brumas, Ahuízotl vio a los perros que husmeaban la basura, estaban destripados y alguien les había arrancado una de las mandíbulas. Sus hocicos eran colgajos y sus cuerpos pelones tenían las marcas de las garras. El nahual estaba suelto y los puestos del tianguis manaban sangre. Los dioses le advertían de la desgracia que podía alcanzarlo, y él no podía ignorarlos.

*

Cuando Moctezuma entró a la sala del trono, los augurios quedaron confirmados, las ansias de muerte estaban en sus pupilas. Si no podía detenerlo, el guerrero se vengaría de los que se habían atrevido a deshonrarlo. Los nahuales correrían libres, los puñales cortarían los hilos de la vida y los hechiceros pronunciarían los ensalmos fatales. Pero eso era imposible, cada viaje de los pochtecas significaba riquezas, información sobre los lugares donde se fraguaban conjuras o se escondían los bienes que necesitaba Tenochtitlan. Algo debía hacer para evitar que la descarnada rompiera sus ataduras y entrara en las casas. Moctezuma merecía una satisfacción, un reconocimiento que lo pusiera por encima de los comerciantes y silenciara los murmullos.

El dolor de la victoria arrebatada sólo pudo curarse con la llegada de la nueva mujer que le entregó Ahuízotl; el huipil de la hija del Señor de Ecatepec se anudó al manto de Moctezuma delante de los grandes. El mensaje era claro: ese cuerpo sería el primero en el que sembraría la alianza con los hombres poderosos que estaban más allá de Tenochtitlan. Gracias a la boda, Moctezuma se convertía en el heredero de dos tronos. El primero llegó cuando su suegro dejó este mundo.

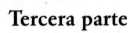

Tercera parte

I

Él fue uno de los primeros en enterarse de la desgracia. Mientras las almas se desprendían del cuerpo de Ahuízotl, los mensajeros de Tenochtitlan llegaron al valle de Tollocan para pedirle que abandonara la batalla. El castigo a los rebeldes tendría que esperar. El imperio no podía quedar sin cabeza por mucho tiempo. A pesar de sus esfuerzos, Moctezuma no llegó a tiempo para presenciar el último aliento del Tlatoani. Ni la velocidad de sus pasos ni la cercanía fueron suficientes.

Cuando se presentó ante el cadáver de Ahuízotl y pronunció las palabras de despedida, sus enemigos ya acomodaban las piezas que intentaban torcer su destino. Ellos apoyaban a dos de los hijos del soberano: Tlacahuepan, Macuil y sus seguidores no estaban dispuestos a abandonar el poder en sus manos. Moctezuma era muy peligroso, la historia de Tízoc tenía que repetirse y los vástagos de Ahuízotl quedarían encadenados a la voluntad de los poderosos. Los guerreros que buscaban controlar los tributos, los sacerdotes que enmascaraban las palabras de los dioses y los mercaderes que temían la venganza por la deshonra en Cuauhtenanco se movían en los corredores del palacio para sellar su alianza. Cuando el consejo se reuniera, ellos debían estar seguros de que los votos respaldarían a cualquiera de sus hombres.

Las fuerzas de los grandes estaban en contra de Moctezuma y los dioses se negaban a señalarlo. Ningún augurio marcó su llegada a Tenochtitlan. Una perturbación en el cielo o en las aguas del lago habrían bastado para que nadie pudiera oponerse a su ascenso al trono, pero nada ocurrió: los cometas no se mostraron y el sol tampoco se oscureció por la sombra de la luna.

Moctezuma casi estaba derrotado. El señorío de Ecatepec era su único consuelo, el fuego al que tenía que aferrarse para no perder lo que le quedaba. Sin embargo, los grandes creían que nunca se doblegaría. La furia de su mirada lo había traicionado sin que pudiera darse cuenta y sus rivales intuyeron que tal vez estaba dispuesto a llamar a sus tropas para apoderarse del trono. El hijo de Axayácatl debía ser derrotado antes de que sus hombres se asomaran entre los cerros, la guerra entre los mexicas y sus aliados tenía que evitarse, el primer combate marcaría el fin del imperio.

El ascenso al trono no sería fácil. En aquellos momentos, Nezahualpilli —el Señor de Texcoco—, un puñado de hechiceros y algunos guerreros eran los únicos que se mantenían a su lado. El riesgo de la derrota lo perseguía como si fuera su sombra.

*

A pesar de la fuerza de sus enemigos, la serpiente comenzó a enroscarse sin que su cascabel alertara a sus víctimas. Después de honrar al cadáver del Tlatoani, Moctezuma se refugió en el templo y abandonó las galas. Su cuerpo apenas estaba cubierto con una tilma del más burdo de los tejidos y sus pies iban descalzos como los de un macehual. Sus manos se negaron a tomar las armas y se conformaron con asir la escoba que acariciaba el piso. Cuando los poderosos se reunieran para discutir el nombre del sucesor, la presencia de Moctezuma sería un vacío que podía ser ignorado. Su voz no debía escucharse, lo único que debía saberse era que barría el suelo sagrado y hería su carne para honrar a los dioses. Cualquiera que lo mirara apenas encontraría la imagen de la resignación y la obediencia.

Así debía ser. Sólo de esta manera podría derrotar a sus enemigos sin que pudieran culparlo: en el instante en que el cuerpo de Ahuízotl comenzó a ser incinerado, los ojos de los hechiceros auguraron el mal a sus rivales; los murmullos de los guerreros leales a Moctezuma amenazaron a sus enemigos, y el Señor de Texcoco entregó una buena parte de sus riquezas con tal de conseguir su apoyo para el hijo de Axayácatl. Las plumas, las mantas, los granos de cacao y el oro compraron la lealtad de los que no temían al filo de la obsidiana. La boca de Nezahualpilli no se estuvo quieta: las promesas a los grandes señores se hicieron sin que nadie fuera capaz de detenerlas, sólo el tiempo diría si podrían ser cumplidas.

*

Cuando llegó el momento definitivo, apenas unas pocas manos se levantaron para apoyar a Tlacahuepan o a Macuil. El miedo y la codicia derrotaron a los hijos de Ahuízotl. La apelación era imposible, aunque ninguno se atrevió a dudar de los dioses ni de los asesinos que respaldaban a Moctezuma.

Con la derrota a cuestas, Tlacahuepan y Macuil abandonaron la sala del consejo. Los poderosos los obligaron a ir por Moctezuma para enterarlo de la decisión final: él sería el nuevo Tlatoani de Tenochtitlan y ellos debían sentir el sabor de la tierra en sus labios. Los hijos de Ahuízotl tenían que ser los primeros en inclinarse. Si esto no ocurría, la riqueza de Nezahualpilli no llegaría a manos de los poderosos y las armas de los guerreros les arrebatarían la vida.

—Mi Señor —dijo Tlacahuepan—, los dioses ya decidieron el nombre del Tlatoani.

Moctezuma lo miró, la sorpresa no marcaba su rostro.

—Lo sabía… los dioses nunca se equivocan, aunque los traidores traten de torcer sus mandatos.

Macuil bajó la mirada, el deseo de suplicar no consiguió brotar de sus labios.

Con un movimiento les indicó que lo acompañaran hacia el palacio. Moctezuma no caminó delante de ellos. Hasta que se sentara en el trono y los nahuales asesinaran a sus rivales, no debía avanzar con nadie a su espalda, una puñalada podría cegar su vida y las mentiras ocultarían su muerte.

*

Ninguna coronación había sido preparada con tanto cuidado. El ascenso al trono de los anteriores tlatoanis no tuvo la magnificencia que exigió Moctezuma. Los aliados y los enemigos, los traidores y los leales, los que se opusieron a su llegada al trono y los que permanecieron a su lado tenían que asistir al primer ritual de su mandato.

Esa mañana, antes de que todo comenzara, los caracoles sonaron en las cúspides de los templos para invocar a los dioses. El número de los hombres sacrificados en honor de Ahuízotl palideció ante los corazones que se arrancaron para fortalecer a Moctezuma; sin embargo, los cuerpos que rodaron por las escaleras de las pirámides sólo fueron el preámbulo que anunciaba lo que sucedería al interior del palacio. Ahí, lejos de la mirada de los miserables, Moctezuma se transformaría antes de sentarse en el trono.

*

Su cuerpo estaba tenso. El movimiento de su respiración apenas interrumpía su rigidez. Aunque la anhelara, la posibilidad de inhalar profundamente era imposible. Lo que ocurría no podía detenerse. Las venas se le marcaban en el cuello y la línea de sudor que recorría su frente amenazaba con delatarlo.

Tenía los ojos cerrados y el temblor de sus párpados revelaba la única muestra de dolor que podía permitirse, los hombres que lo miraban estaban lejos y no podrían descubrirlo. La garra de águila que sostenía Nezahualpilli se adentraba en su nariz, pero el cartílago aún la detenía. En sus oídos, el crujido apenas perceptible sonaba como un trueno, y en su garganta los coágulos le robaban el aire; pero nada de esto importaba, el tormento no podía derrotarlo. Una muestra de debilidad sería suficiente para que lo abandonaran a su suerte. Un movimiento cobarde bastaría para que su futuro quedara en vilo. La descarnada comenzaría a rondarlo y su fétido aliento le robaría las almas para condenarlas a vagar por la nada. Si él fallaba, todos le darían la espalda. Los cobardes sólo merecían la muerte sin gloria, para ellos era la condena que los convertiría en los monigotes que se arrastrarían mientras las manos se negaban a apretarles el brazo.

Poco a poco abrió los párpados mientras rogaba para que una lágrima no descubriera sus dolores. Los dioses lo protegieron, el llanto no empañó el momento. Aún podía resistir, la fuerza todavía estaba en su cuerpo. La garra siguió adentrándose en su carne. La línea de sangre se entrelazó con sus ralos bigotes y comenzó a marcar el contorno de sus labios. Lentamente, el rojo arroyo se adueñó del extremo de su lengua. No podía moverse, el símbolo del poder debía ser perfecto. La punta volvió a encontrarse con la carne y terminó por mostrarse.

Con una lentitud calculada, Nezahualpilli, el Señor de Texcoco, sacó la garra de su nariz para recorrer el mismo camino desde el otro extremo, la herida debía tener el mismo ancho por ambos lados. El golpeteo del pulso volvió a las sienes de Moctezuma como si fuera un tambor infatigable. Su cuello volvió a ponerse rígido y el más agudo de los zumbidos se apoderó de su cabeza.

El dolor se fue apagando y la garra terminó en manos de uno de los sacerdotes que asistía al soberano de Texcoco. A pesar de la vista nublada, logró distinguirlo; su cuerpo estaba pintado de negro. El tinte que nacía de las arañas y los alacranes chamuscados lo cubría por completo. Los círculos rojos y amarillos acentuaban la fiereza de su mirada. La compasión no podía asomarse en sus rasgos. El tormento y la muerte estaban labrados en su cara. El Señor de Texcoco extendió la palma de la mano, sobre ella pusieron la nariguera verde, el cilindro casi perfecto que comenzó a adentrarse en la herida. Las llamas del infierno se apagaron y Nezahualpilli tomó su brazo.

En silencio, Moctezuma se levantó; su bigote y su barba estaban marcados por la sangre. Una delgada línea corría por su cuello y se detenía en su pecho. Sus piernas amenazaron con flaquear. El miedo de dar un paso en falso se convirtió en un latigazo. Durante un instante se mantuvo firme. Necesitaba que sus músculos recuperaran la fuerza. A los grandes nunca les temblaban las piernas, eso sólo podía pasarles a los cobardes, a los hombres que tenían las almas flacas.

Moctezuma empezó a caminar hacia el trono cubierto con los cueros de los jaguares. Sus pasos eran lentos, cuidadosamente cortos y siempre siniestros. Sus piernas eran idénticas a las de un depredador. En ese momento ya había muerto el guerrero que ansiaba las manchas y las alas; el soldado que anhelaba el recorrido de la navaja en el cráneo también estaba sepultado. Moctezuma había dejado este mundo y había renacido. Su antigua piel estaba abandonada. Ahora era el todopoderoso, el Señor de Señores, el amo de las vidas y las tierras, el Tlatoani de Tenochtitlan.

*

Moctezuma no podía apresurarse. Necesitaba que todos lo miraran, era imprescindible que sus ojos se quedaran marcados en sus almas. Los testigos del ritual no podían permanecer incólumes ante su transformación. Los hombres que enviaron los señores de Tlaxcala, Huejotzingo, Ayotla, Cuautla y Atlixco se doblegaron al sentir sus pupilas oscuras. La certeza de la guerra les mordió la bravura. El representante del soberano de los purépechas que derrotó a Axayácatl también le negó el rostro por el miedo a la ojeriza, y los mercaderes inclinaron la cabeza, ellos tendrían que pagar el precio de la deshonra. Los hechos de Cuauhtenanco eran una ofensa que se lavaría con la desgracia. Sus enemigos y los que trataron de detener su avance apenas podían observarlo, las manos esqueléticas les acariciaban las nucas y el miedo les retorcía las entrañas. Sus infinitos hermanos también bajaron la vista, sólo uno lo atisbaba. Cuitláhuac aún era muy joven, pero ya esperaba su momento. Yólotl era el único que le sostenía la mirada, desde la noche en que se unió a los asesinos de Tízoc, el viejo guerrero supo que Moctezuma se convertiría en Tlatoani.

Se detuvo ante el trono.

Su cuerpo estaba casi desnudo, apenas una tela blanca cubría su cadera.

Ahí estaba, lejos de los atuendos del guerrero, ajeno a las armas que lo habían encumbrado. Los aliados y los sacerdotes comenzaron a peinarlo. Sus cabellos ya no podían ser los de cualquiera, tampoco debían adornarse como los de un hombre marcado por los combates. Con mucho cuidado empezaron a cubrir su carne, el ropaje y los símbolos del poder lo envolvieron mientras el humo del copal lo acariciaba. La bruma sagrada lo convertía en la fiera que pronto caería sobre sus presas.

Estaba listo y dio los últimos pasos. Volvió a mirar a los asistentes. Todos conocían la verdad de su ascenso: las pupilas siniestras, las lenguas envenenadas por las amenazas y las riquezas que Nezahualpilli había entregado a muchos de los poderosos le habían abierto el camino a la corona.

*

Mientras Moctezuma contemplaba a los hombres que atestiguaban su ascenso, las glorias de su antecesor se trazaban en los anales que recitarían los jóvenes del calmecac. Sus derrotas nunca ocuparían un lugar en las páginas de los libros pintados y las piedras labradas sólo contarían lo que nunca sucedió.

En Tenochtitlan y los territorios enemigos, muy pocos conocían la verdad sobre los últimos días del Tlatoani. Los rivales y los macehuales apenas sabían que Ahuízotl había muerto a causa del golpe que le partió la cabeza. Las palabras del palacio eran inobjetables: por más que lo intentaron, los curanderos no pudieron contener sus espíritus, ellos escaparon por la fractura que le revivió el hueco de la mollera. La gruesa viga que se estrelló contra su cráneo era la explicación inapelable. Sin embargo, la verdad estaba más allá de las voces que se repetían. Durante la guerra contra Xoconochco, alguien lo había envenenado. En el rostro del cadáver estaban los signos de la hechicería. Su piel estaba seca, sus músculos se habían enjutado y su carne se veía ennegrecida.

El nombre del asesino era un misterio. Algunos pensaban que la muerte de Ahuízotl había sido ordenada por Moctezuma, pero otros sostenían que había sido causada por los enemigos de Tenochtitlan. Fuera cual fuera, esa verdad era peligrosa y debía ocultarse. Ya habría tiempo para que los criminales pagaran sus culpas. A pesar de las habladurías, todos debían aceptar que el nuevo Tlatoani no era un asesino.

*

Los sirvientes entraron en el salón. Cada uno tenía en sus manos una jícara delgadísima. Las grecas y los dibujos se entrelazaban en su superficie para narrar los viajes en los cielos y el inframundo. Los invitados las recibieron y se sentaron. Ninguno estaba sorprendido. El Tlatoani ya tenía su nariguera y todos debían adentrarse en el mundo de los dioses para conocer las revelaciones. Los hongos, oscuros y secos, estaban apenas barnizados con miel de maguey para derrotar su amargura. Moctezuma, con un movimiento que ofendía por su elegancia, ordenó que los comieran. Ninguno podía negarse.

Las bocas comenzaron a moverse y los ojos se cerraron con el anhelo de que las visiones fueran benignas. Todos rogaban para que los hijos de la lluvia les mostraran la verdad que mantendría sus almas unidas a su cuerpo. Los enemigos y los traidores deseaban que los dioses se ensañaran con el nuevo Tlatoani, la vida de Moctezuma no debía ser larga. La maldición jamás pronunciada retumbaba en su hígado. En cambio, los aliados querían que las garras de los pumas brotaran de sus cuerpos para alimentarse de la carne de sus rivales. La vida y la muerte se fundirían en las visiones. Al final, sólo una triunfaría y se convertiría en el signo del nuevo Tlatoani.

Moctezuma se relajó en el trono. Así podría observarlos antes de que sus manos tocaran los hongos. Los movimientos y las palabras que los dioses les arrancaran serían la revelación indiscutible. Los temblores y los aullidos acariciarían sus oídos, las sonrisas y las palabras suaves serían el anuncio de la desgracia.

Sus ojos se encontraron con los de Yólotl.

No había necesidad de palabras, las señas también eran innecesarias.

El viejo guerrero se acercó.

—¿Estás listo? —preguntó Moctezuma.

Su voz era cuidadosa, sus palabras lo ocultaban todo.

—Siempre —respondió Yólotl.

Moctezuma lo aprobó con cuidadoso movimiento. La lealtad del guerrero estaba más allá de la duda.

—Cuando el sol se asome, el Descarnado alcanzará a Tlacahuepan y Macuil —susurró el Tlatoani.

La suerte estaba echada. Yólotl asintió y volvió a su lugar en silencio.

Moctezuma tomó el primer par de hongos y los llevó a su boca. El áspero sabor secó su lengua. Durante un instante, su mandíbula se detuvo. Antes de partir al universo de los dioses debía arreglar el mundo de los hombres: Yólotl se haría cargo, las sombras nunca se acercarían al trono. Los hijos de Ahuízotl acompañarían al viejo guerrero en una batalla sin sentido, el lugar no tenía importancia y sus habitantes nada habían hecho para desafiar a los mexicas. Lo más importante era que entraran en combate y una flecha disparada a traición terminara con ellos.

Todos sabrían lo que había ocurrido, pero ninguno se atrevería a decirlo. Nadie podía dudar del poder de Moctezuma. El compromiso con Nezahualpilli estaba casi pagado, ahora sólo debía entregarle a la mujer que le encendía la entrepierna. Las urgencias de su falo debían ser satisfechas por Vulva de Jade. El apoyo del soberano de Texcoco era fundamental y la muerte de los hijos de Ahuízotl, necesaria.

II

Moctezuma había llegado al trono, pero hacía falta la confirmación definitiva. Al igual que todos sus antecesores, debía emprender la guerra para capturar a los soldados que serían entregados a los dioses. Sin sangre y corazones, las decisiones de los hombres perderían su fuerza, los amos de todas las cosas tenían que bendecir al Tlatoani más allá de las manos alzadas y las alianzas. Ya habían pasado largas horas: los aliados indiscutibles, los guerreros y los sacerdotes seguían discutiendo sobre el lugar al que debían dirigirse sus tropas para capturar a los que serían sacrificados.

La batalla en la que Tlacahuepan y Macuil perdieron la vida fue ignorada sin miramientos. Su supuesta cobardía fue suficiente para que las tropas no avanzaran hacia un pueblo sin importancia. El nombre de los hijos de Ahuízotl debía ser olvidado, nadie podría levantar un arma para vengarlos. A pesar de las discusiones que no cesaban, Moctezuma tenía perfectamente claro lo que necesitaba: una gran victoria, un combate que destruyera al fantasma de Tízoc y minimizara los triunfos de Ahuízotl. Él debía convertirse en la luz que ensombrecería el pasado.

Mientras el Tlatoani guardaba silencio, sus consejeros seguían discutiendo. Las frases cuidadosas y los impecables modales ocultaban los intereses que animaban a los soldados y los poderosos. Ninguno alzaba la voz, sus palabras eran los pétalos que ocultaban las espinas. Algunos proponían una comarca que no ofreciera gran resistencia; otros insistían en atacar una ciudad desprotegida. Los nombres de Icatépec y Nopallan iban y venían para toparse con su lejanía, una campaña tan larga sólo provocaría problemas de avituallamiento y el regreso desde la costa era muy peligroso. Los enemigos podían unirse y derrotarlos sin darles tiempo para que los refuerzos llegaran.

Todos hablaban y ninguno se daba cuenta de los deseos de Moctezuma, de los acuerdos que marcaban el pacto con Nezahualpilli. Nadie debía dudar del poder de su alianza. Texcoco y Tenochtitlan eran invencibles.

Así habrían seguido hasta que el sol se apagara para siempre, pero una voz firme detuvo sus palabras.

—Atlixco… —dijo Moctezuma.

Las sombras marcaron el rostro de sus consejeros. Los guerreros también sintieron el látigo de esa palabra. En toda la historia de los mexicas nadie había intentado algo parecido; ninguna de las primeras campañas se había lanzado en contra de los enemigos más feroces. La primera guerra del Tlatoani siempre era cuidadosa, lejana de los peligros y la muerte, el soberano no podía dejar este mundo en su primer combate. Las objeciones se revolvían en las cabezas sin encontrar palabras para mostrarlas. Ninguna de esas voces existía, Moctezuma había hablado y eso era suficiente, pero uno de los principales se atrevió a romper el silencio.

—La paz —murmuró Tlaneci con la mirada baja.

Ese hombre, a pesar de que había apoyado a los hijos de Ahuízotl, aún podía reunirse con los grandes señores. Sus palabras no eran casuales, en ellas se escondía el último intento para derrotar al recién nombrado. Tlaneci tenía claras las consecuencias de su propuesta: la paz con los enemigos bastaría para que los rivales del Tlatoani se unieran en su contra.

Moctezuma se levantó del trono y caminó hacia él.

—¿Qué dices? —la voz del soberano se escuchaba dulce, absolutamente tranquila, dispuesta a invitarlo a que continuara.

—Los enviados de nuestros enemigos estuvieron aquí, ellos te vieron caminar hacia el trono. Su presencia no fue una casualidad, los señores de las ciudades rivales te apoyan. Ellos te ofrecen sus manos y tú no deberías rechazarlas.

El Tlatoani lo escuchó sin moverse.

Tlaneci no comprendía las negociaciones de Nezahualpilli para garantizar su asistencia. Los enemigos debían presenciar su ascenso, así les quedaría claro que la piedad no existiría. Ante ellos ya sólo quedaba una alternativa: la rendición o el fuego.

—Tienes razón... los hombres de Tlaxcala, Huejotzingo, Ayotla, Cuautla y Atlixco estuvieron aquí —dijo Moctezuma—, pero ahora están lamiendo sus armas. Tienes razón, ellos me vieron... por eso deben morir.

*

Los ojos de Tlaneci amanecieron secos. Esa noche, el nahual llegó a su lecho. Las marcas de los colmillos cancelaron la posibilidad de la desobediencia. Su cuerpo no mereció las llamas y fue abandonado en el monte para que los zopilotes lo devoraran. El destino de los suyos no fue mejor, ningún rastro debía quedar de la simiente enemiga. Su casa quedó vacía, y en las habitaciones las manchas oscuras relataban la historia que nadie debía contar. Sólo uno de los grandes se atrevió a entrar y se encontró con Yólotl. El guerrero lo amarró, le cortó la lengua y la masticó antes de sacarle los ojos.

—Tienes suerte —dijo el guerrero antes de salir de la casa de Tlaneci—, a los tuyos no les pasará nada, tu silencio es lo único que los protege.

Cuando los poderosos miraron el lugar vacío en el consejo, la voz huyó de sus gargantas. Las pupilas de Yólotl anunciaban el futuro de los que osaran oponerse a Moctezuma.

Las tropas abandonaron Tenochtitlan. Las líneas de los guerreros y los hombres de los barrios eran larguísimas. Las sombras de las mujeres se alargaron antes de que los soldados se perdieran en el horizonte. Los arsenales quedaron vacíos. Ningún combatiente podía presentarse a la batalla con una lanza apenas endurecida por las llamas. La derrota era imposible, los dioses debían quedar satisfechos y los enemigos conocerían la fuerza del Tlatoani.

Moctezuma avanzaba al frente del ejército, sus pasos estaban escoltados por los sacerdotes y los combatientes más fieros. Su atuendo era idéntico al de Xipe Tótec, el Señor Desollado que regeneraba la vida a través de la muerte. La gruesa línea que cruzaba uno de los lados de su rostro era la distinción perfecta: él era la personificación del dios, la mano del amo, el arma que garantizaría la victoria y las cosechas. En sus ojos, la luz de la misericordia se había eclipsado.

Ningún mensajero anunció su destino, ningún pregonero levantó la voz para revelar los planes. Todos conocían el lugar al que dirigían sus pasos. El sol no tuvo que morir muchas veces antes de que los hombres de Atlixco comenzaran a prepararse para la batalla: las palizadas puntiagudas empezaron a levantarse en los flancos de la ciudad, los fosos se engrandecieron para tratar de contener el avance de los mexicas y las armas llegaron a manos de todos. No hubo sorpresa. Los enviados que atestiguaron el ascenso de Moctezuma sabían que la guerra no tardaría en alcanzarlos.

Atlixco se preparaba y los ruegos de sus habitantes estaban marcados por la esperanza, la lluvia podría ser su aliada. Las aguas retrasarían el avance de Moctezuma y ellos estarían listos para enfrentarlo. Al principio, el Señor de la Lluvia les sonrió, unas cuantas gotas dieron paso al tímido verdor que tranquilizó sus almas. Sin embargo, conforme los enemigos se acercaban, los sirvientes de Tláloc dejaron de quebrar las nubes a garrotazos y las secas volvieron para anunciar la desgracia: los dioses estaban del lado de los mexicas.

Cuando las fuerzas de Moctezuma se mostraron como una erizada línea que recorría la cumbre de los cerros, los guerreros de Atlixco tuvieron que decidirse. Algunos propusieron la rendición, para ellos era mejor entregar a los soldados más feroces a que los mexicas incendiaran la ciudad. Los hombres podrían reponerse, pero Atlixco jamás se recuperaría si sus templos eran destruidos. Los más bravos los acusaron de cobardía y escupieron delante de sus sandalias. Sus flemas eran idénticas a sus espíritus, un moco verdoso que no resistía la fuerza del sol, un esputo que se secaba para ser arrastrado por el viento.

Atlixco no podía rendirse, sus guerreros debían derrotar a los mexicas antes de que rodearan la ciudad. Si la batalla era desfavorable, podrían retirarse y luchar tras la muralla. Ahí resistirían hasta que su única esperanza se cumpliera: el tiempo tal vez permitiría que algún aliado llegara con sus tropas, los soldados de Tehuantepec o de Tlaxcala podían cambiar los designios de los dioses.

Afuera, los tambores que marcaban el paso de los mexicas seguían sonado. Cada golpe era un augurio. El sonido lejano no tardaría mucho en convertirse en un trueno. El tiempo se acababa. Los chillidos de las mujeres se apoderaron de la ciudad y los guerreros de Atlixco tomaron la única decisión posible.

III

Los ejércitos apenas estaban separados por unos cuantos pasos, el humo del copal que los sacerdotes habían encendido ya se había disipado. Los que estaban dispuestos a morir miraban a sus oponentes con la certeza que nace de la furia; los cobardes tenían clavados los ojos en el piso, y muchos sentían cómo tibios arroyos recorrían sus piernas. El temblor incontrolable era el dueño de sus cuerpos. La muerte les lamía el cuello y les acariciaba los testículos.

Moctezuma levantó su arma.

Los rayos del sol se transformaron en las centellas que reflejaban su filo.

Las cuerdas de los arcos estaban listas y las hondas giraban esperando liberar sus proyectiles. La voz del Tlatoani se entrelazó con el zumbido. Sólo una vez las flechas cruzaron el cielo, apenas en una ocasión las piedras llovieron sobre los rivales. Los guerreros se lanzaron a la carga blandiendo sus armas y rugiendo como nahuales que a cada paso se convertían en bestias. Los jaguares y los lobos, las águilas y los pumas corrían mientras sus fauces anhelaban el sabor de la sangre, de los corazones que serían entregados a los dioses y la carne que devorarían para adueñarse de las almas de sus contrincantes.

Las fuerzas chocaron, los músculos desnudos se desgarraron por los tajos y las corazas de algodón se abrieron tras los primeros golpes. Las fibras que se asomaban entre las puntadas eran el anuncio de la muerte. A cada paso, la tierra apenas húmeda se convertía en un lodazal enrojecido y los cuerpos quedaban en manos de los dioses. Moctezuma y los suyos les arrebataban la vida a los miserables mientras sus ojos buscaban los yelmos de los poderosos. La rabia buscaba las cabezas de los más bravos, el impacto los derribaría y permitiría que los capturaran. Algunos esquivaron los golpes y al final se encontraron con la muerte; otros cayeron y las sogas cancelaron su huida.

Los hombres de Atlixco no se retiraban pese a que las armas de los mexicas los estaban desgarrando. A cada instante, el grosor de sus tropas menguaba. Los cobardes sabían que la retirada era imposible, la amenaza de la tortura infinita los hacía mantenerse firmes. Una muerte rápida era mejor que la siniestra lentitud del suplicio. La imagen de los guerreros devorando su carne y los cráneos que se mostraban en el tzompantli eran suficientes para obligarlos a resistir.

La batalla estaba perdida. Los estandartes caían en manos de sus enemigos y los más bravos apenas podían mantenerse en pie. La oportunidad de derrotar a los mexicas había fracasado, ya sólo quedaba la opción de reagruparse tras las palizadas.

*

Cuando los guerreros y los miserables corrían hacia la ciudad, Moctezuma contuvo a sus hombres. Yólotl trató de perseguirlos, necesitaba alcanzarlos, terminar con Atlixco, reducir a cenizas a los rivales.

—Detente —ordenó el Tlatoani.

Yólotl lo miró extrañado.

—Así tiene que ser… Atlixco no puede ser destruido.

—¿Por qué? —se atrevió a preguntar el guerrero.

—Su futuro ya está escrito… los dioses siempre tienen hambre.

La ciudad no conoció las llamas y las tropas de Moctezuma dejaron el valle sin disparar una flecha contra sus defensas.

Ninguno de los cadáveres de los mexicas fue abandonado, todos debían pensar que las tropas de Moctezuma no habían tenido ninguna baja. En Tenochtitlan, la exigencia de silencio ratificaría sus acciones. Sin embargo, en el suelo seguían los hombres de Atlixco que ofrendarían sus vidas para que el Tlatoani consiguiera la aprobación de los dioses. Los cuerpos atados eran la encarnación de su victoria.

*

Los mensajeros llegaron a Tenochtitlan poco antes que las tropas. Aunque el murmullo de la victoria ya corría en los barrios, Moctezuma ordenó que la confirmación sólo se tuviera cuando sus guerreros se adentraran en la calzada que venía de Iztapalapa. Nadie debía ser más rápido que sus soldados, ninguno podía adelantarse a sus bravos. Las piernas más veloces y las lenguas más rápidas no bastaban para rebasarlo.

Los macehuales que vivían en la orilla de la ciudad fueron los primeros en verlos. La inmensa columna los obligó a salir de sus casas y abandonar sus chinampas. Las varas puntiagudas con las que hacían los hoyos para las semillas fueron olvidadas y las tortillas quemadas fueron poca cosa ante lo que sucedía. Aunque todos estaban inclinados, sus ojos se levantaban para llenarse con la derrota de Atlixco. Los prisioneros avanzaban junto a sus captores. Ningún muerto de hambre se miraba entre ellos. Todos tenían los signos de la nobleza marcados en la carne, los tatuajes se entreveraban con las viejas cicatrices, y las heridas del sacrificio estaban en sus orejas y sus pantorrillas. Ninguno había perdido los distingos de su condición, las orejeras, los bezotes y los collares de cuentas verdes seguían en sus cuerpos. Los labios de los macehuales que los miraban estaban cosidos, los gritos de la victoria debían permanecer silentes; ya después, cuando se sentaran delante de sus iguales podrían hablar de lo que habían visto.

Los guerreros continuaron avanzando en silencio. Ni siquiera los tambores anunciaron sus pasos. Los caracoles y las chirimías también permanecieron mudos. Así siguieron y sólo se detuvieron cuando la pequeña muralla que rodeaba el espacio sagrado se mostró ante la vanguardia de las tropas. El gran teocalli, el tzompantli y los templos lo llenaban todo. Ahí, a unos cuantos pasos, los esperaban los sacerdotes.

Moctezuma caminó hacia ellos.

La modestia y la mirada baja habían desparecido, su rostro era el del Señor ceñudo, el hombre que sabe que las vidas dependen de su arbitrio, el todopoderoso que puede invocar a los dioses para que coman de su mano. Los señores de todas las cosas estaban de su lado y los hombres debían temblar ante su presencia.

—Los dioses están con nosotros… Huitzilopochtli ha triunfado —dijo antes de entregarles al primer cautivo.

Los sacerdotes bajaron la mirada.

Ninguno de los que habían conspirado en contra de Moctezuma estaba presente, todos se habían quitado la vida cuando el rumor de la victoria atravesó las montañas. El suicidio era preferible al futuro que les aguardaba. Dos días habían sido suficientes para que las noticias de Atlixco llegaran a Tenochtitlan.

*

Durante varias lunas, los preparativos de la ceremonia marcaron el ritmo de la vida en Tenochtitlan. Nada podía fallar, todo debía ser perfecto. Los enviados de Moctezuma dejaron la ciudad para adentrarse en los cuatro rumbos de la tierra. Los aliados y los enemigos, los traidores y los leales debían estar presentes en el momento definitivo. El Tlatoani debía mostrar su poder, su fuerza absoluta, su comunión con los dioses.

Los hombres que se internaron en los territorios de Tlaxcala, Huejotzingo, Ayotla, Cuautla y Atlixco se enfrentaron al peligro y lograron llegar ante los soberanos sin que el Descarnado los atrapara. Ninguno recorrió los caminos ataviado con las ropas de los jaguares, sino apenas cubiertos con harapos que los hacían invisibles. Sólo cuando llegaron a las puertas de las casas grandes mostraron las señales de su nobleza. Así pudieron entrar para pronunciar las palabras de Moctezuma. Los soberanos los escucharon sin arrebatarles la vida. El mensaje no podía ser ignorado, no tenían más remedio que acompañarlos. La afrenta del rechazo sería terrible, los hechos de Atlixco les ardían en la memoria.

Los soberanos de las ciudades enemigas sabían que su entrada a Tenochtitlan no sería sencilla, los puñales y los hechizos los aguardaban desde que el tiempo era tiempo. Los guerreros los odiaban y los poderosos anhelaban el sabor de su carne. A pesar de esto, debían ir a la ciudad de Moctezuma, pero también protegerse. Todos aceptaron despojarse de sus ropas para vestir las telas de la miseria, todos caminaron con la mirada baja y esperaron a que la oscuridad se adueñara de la ciudad para poner sus pies en las calzadas que atravesaban los lagos. Sólo de esta manera pudieron llegar al viejo palacio de Axayácatl.

Antes de presentarse ante Moctezuma, los enemigos fueron llevados a los temazcales donde el vapor y las hierbas aromáticas les borraron las marcas del camino. El olor del sudor ofendería la nariz del soberano, las ropas ajadas serían un agravio para su mirada. Ninguno se opuso a las caricias de las esclavas que los lavaron y les dieron alivio. Sus cuerpos desnudos se cubrieron con las prendas perfectas; los más delgados hilos de algodón que se entretejían con la suavidad del pelo de conejo los cobijaron. Los tocados llegaron a sus cabezas y las joyas de piedras verdes y oro se acomodaron en sus cuerpos. La luna estaba a punto de morir cuando quedaron dispuestos para el encuentro.

Los soberanos enemigos recorrieron los corredores del palacio. La fragancia de las flores se entretejía con el humo del copal, y los muros narraban las historias de los dioses y los hombres. Su ruta había sido calculada. Cada uno de sus pasos los colocaba ante la riqueza y el poder, frente a la certeza de que ellos eran menos que nada.

*

Llegaron a su destino.

El Tlatoani se levantó del trono y en silencio les indicó sus lugares. Sus movimientos eran cuidadosos. Sus músculos revelaban el nahual que los poseía.

Ninguno de los brazos de los enemigos fue tocado por Moctezuma. Los recién llegados se sentaron y las sirvientas comenzaron a servirles el alimento de los dioses, el largo tramo que recorría el cacao mezclado con chile y achiote hasta chocar con las jícaras se coronaba con la espuma. El olor de la vainilla y la miel de maguey que también habían agregado se elevó hasta alcanzar sus rostros. El hambre del camino se acentuó en su saliva, pero ninguno podía estirar la mano para tomar el recipiente.

El Tlatoani los observó durante un instante antes de comenzar su discurso.

—Bienvenidos... mi pobre casa se llena de alegría por recibir a los hombres más poderosos, a los grandes señores que sólo conocen la riqueza y jamás han probado una tortilla aceda. Bienvenidos sean. Mis ojos sólo pueden llenarse de lágrimas al contemplar a los guerreros más fieros, a los que nunca han sido derrotados, a los que jamás han visto a sus hombres caer en el campo de batalla. Yo soy pobre... yo estoy desarmado, yo sólo soy carne y huesos, y mis hombres apenas sostienen lanzas de palo.

Lentamente, Moctezuma levantó su jícara y bebió apenas un sorbo. Sus rivales sólo podían mirarlo cuando se negaba a la gula.

Lo escucharon mientras sus labios y sus dientes se teñían de rojo. El fuerte sabor del cacao no bastó para ahogar la hiel que les amargaba la boca. Moctezuma dijo lo que tenía que decir y ellos comprendieron las palabras que ocultaban lo que miraban. Lo dejaron seguir. Ninguno osó interrumpirlo, las voces estaban de más, el espíritu de la guerra se adueñaba del ambiente.

*

El lugar donde estaban se había elegido con cuidado. Nadie podía verlos, pero los soberanos podían contemplarlo todo: las escalinatas del templo enrojecidas, los cuerpos desollados acumulados en el piso, las cabezas arrancadas, atravesadas por las lanzas que se colocarían en el tzompantli. Aunque los rostros de los sacrificados se desdibujaban a la distancia, ellos sabían que eran parte de sus tropas. Los guerreros de Tlaxcala, Huejotzingo, Ayotla, Cuautla y Atlixco alimentaban a los dioses y mostraban el futuro de Moctezuma. Las manos del Tlatoani se aferraban al puñal que se adentraba en los pechos y sus dedos se convertían en la enredadera que atrapaba los corazones. Antes de que el sol se acercara al horizonte, ellos ya habían perdido la cuenta de los cadáveres.

*

Después de que los dioses fueron alimentados, el mundo del palacio se transformó, las miradas al rostro del soberano se convirtieron en certeza de muerte y el tuteo sólo auguraba la tortura infinita. Las voces que discordaban perdieron la lengua y los matones se adueñaron de las noches. La venganza estaba suelta, nada podía contenerla. Un movimiento incorrecto o un susurro bastaban para que sus fauces se abrieran. Nadie podía oponerse, ninguno debía enfrentarse a Moctezuma. Pero eso no era suficiente para el Tlatoani, los cortesanos fueron expulsados del palacio. Algunos, los que alcanzaron a darse cuenta de las zarpas que los amenazaban, sólo bajaron la mirada y aceptaron el exilio; otros, los que trataron de mantenerse firmes, caminaron hacia el inframundo con las cuencas vacías.

Poco a poco, los nuevos cortesanos comenzaron a notarse. Los jóvenes guerreros y los nobles con apenas pelos en el rostro recorrían el palacio tratando de acostumbrarse a su nueva vida. Cuando Yólotl se atrevió a cuestionar los nombramientos, Moctezuma sonrió y sólo respondió unas cuantas palabras:

—Los viejos pueden obedecer, pero siempre traicionan; en cambio, los jóvenes son capaces de seguirte sin dudas... yo soy el único dueño de las almas de los nobles mexicas.

El Tlatoani tenía razón, los jóvenes aprenderían a comer de su mano y a él le deberían todo lo que eran. Su lealtad estaba garantizada y, si acaso uno dudaba, su destino sería el mismo de Tlaneci, del hombre que se atrevió a proponerle la paz.

Nadie se oponía, y en las cercanías del gran teocalli comenzó a levantarse el nuevo palacio. Ninguna de las casas de los señores de Tenochtitlan podría compararse con él. Los muros que levantó Axayácatl se convirtieron en las paredes de la casa de un macehual y la riqueza de las habitaciones de los pochtecas se transformó en la imagen de la miseria.

*

Las ruedas del tiempo siguieron girando y la guerra volvió con toda su fuerza. Moctezuma avanzaba con sus tropas y su casco se miraba en todos los combates. Sin embargo, sus campañas eran distintas de las que emprendieron sus antecesores, no hacía falta que las fronteras del imperio llegaran más lejos, cada una de las batallas borraba los espacios donde los enemigos aún existían. El territorio dominado por Tenochtitlan no podía tener agujeros. Poco a poco, los reinos de Tlaxcala,

Huejotzingo, Ayotla y Atlixco fueron cercados por las conquistas y los combates. La sal desapareció de sus guisos y la miseria comenzó a martirizarlos; sólo cuando las lluvias se terminaban, las tropas mexicas se adentraban en su territorio para capturar a los guerreros que alimentarían a los dioses.

Moctezuma lo sabía: el hambre y la miseria derrotarían a los enemigos que seguirían rodeados hasta que la piel se pegara a sus huesos.

IV

Aunque los vientos llegaron sin avisar, el frío de la sala huyó sin provocar un silbido. Antes de que entrara, los braseros se alimentaron con las cortezas que perfumaban y calentaban la estancia. El humo no se atrevió a mostrarse, cada uno de los trozos que se entregaron a la lumbre había sido revisado por los sirvientes para descubrir el verdor más insignificante. Una mácula era suficiente para que ocurriera lo que jamás podía suceder, al Tlatoani no debían arderle los ojos. En alguna ocasión, Moctezuma lo había insinuado y el inframundo devoró al responsable. Las humaredas y el hollín sólo podían existir en las casas de los macehuales donde los comales lo tiznaban todo. Ellos podían tener los ojos colorados y lagrimear sin que nadie se preocupara, pero el Señor de Señores no podía darse ese lujo. En el palacio, la etiqueta se escribía con sangre.

Antes de sentarse sobre los petates que cubrían el suelo, Moctezuma caminó delante de los anafres que sostenían las delicadas ollas de barro. Tenía tiempo, nada urgía y ninguna desgracia se asomaba en el horizonte. Esa mañana no había sido más difícil que otras. El viento frío que nunca lo tocó era la única preocupación de la corte. Los tiempos de sequía y las murmuraciones estaban casi olvidados, sólo de cuando en cuando los rencores de Nezahualpilli avivaban los malos recuerdos. Vulva de Jade lo había manchado delante de todos.

Ese día, de nueva cuenta, las decisiones de Moctezuma cambiaron la vida de sus súbditos: los pleitos se solucionaron después de que escuchó a los jueces y dictó la sentencia inapelable, el tributo se cuantificó y se impusieron durísimas penas a los pueblos que no habían cumplido o se habían atrevido a esconder sus riquezas. Y, antes de que el sol llegara al centro del cielo, los almacenes del palacio terminaron de revisarse sin que se encontraran problemas dignos de consideración. Los graneros estaban llenos y los arsenales dispuestos, apenas se encontraron unos cuantos gorgojos y unas pocas cagarrutas que delataron a los ratones. El asunto se resolvió sin aspavientos y los detalles no llegaron a los oídos del Tlatoani, los pocos bultos que estaban carcomidos se retiraron y las gruesas culebras que soltaron los cuidadores terminarían con los animalejos. La confianza de los guardianes no era infundada, durante muchos días les habían negado el alimento y no se dilatarían en dar cuenta de los ratones. Las noticias de los alrededores también eran buenas: las chinampas y los campos aún estaban verdes y la cosecha que pronto se levantaría era prometedora, el frío no era peligroso y las heladas aún no se asomaban en el cielo.

El mundo se movía sin chirridos y la guerra esperaba la llegada de las secas para reanudarse y fertilizar la tierra. Los dioses se habían alimentado y los vaticinios funestos estaban ahogados.

*

El olor de la comida llenó su nariz. Los ajolotes cubiertos con salsa de jitomate y chile, las gruesas serpientes asadas, la hueva de los moscos del lago, el guajolote que recibía la caricia del chimole y las ancas sazonadas con semillas de calabaza apenas ocupaban los primeros puestos de una línea que amenazaba con prolongarse hasta el infinito. Trescientos guisados estaban dispuestos ante él. Al final, sólo elegiría unos pocos que no colmarían un plato; la gula era imposible.

Sin decidirse del todo, se sentó. Las mujeres le acercaron una jícara. Moctezuma lavó sus manos, se enjuagó la boca y se sonó sobre el agua. Su moco seco se hundió sin oponer resistencia. El delgado paño de algodón no se hizo esperar para que pudiera secarse. Una señal bastó para que le sirvieran. Las tortillas blancas, amarillas, azules y coloradas esperaban su mano. Tomó una sin reparar en su color y empezó a comer. Sus manos eran diestras. Los trozos inmaculados se movían sobre el plato sin mancharle los dedos. Cada vez que las cucharillas recorrían la superficie, los dibujos se mostraban sin miedo a conocer su destino, ese plato sería destruido y sus tepalcates se triturarían hasta convertirse en polvo. Ningún hombre debía tocar la vajilla del Tlatoani y él no podía usarla dos veces.

A lo lejos, uno de los jóvenes que lo atendían trataba de adivinar sus deseos. Sekjä tenía la cabeza baja y apenas podía mirar al soberano. Él no era digno de que sus ojos se llenaran con su imagen, el rostro del Tlatoani lo dejaría irremediablemente ciego o uno de los verdugos convertiría en realidad sus mandatos. Frente a Moctezuma, las miradas sólo podían dirigirse al suelo. Un leve movimiento fue suficiente para que Sekjä descifrara sus deseos y entraran los bufones: los contrahechos y los enanos, los jorobados y los albinos comenzaron las cabriolas, las bromas cuidadosas y los bailes ridículos. Tras un biombo, la música sonaba cuidando su estridencia.

Las almas de Moctezuma estaban ligeras, querían divertirse. A pesar de esto, ninguna carcajada salió de su boca y en sus labios apenas se esbozó una sonrisa. Eso bastaba. Nadie podría esperar otra cosa del Señor Ceñudo que alimentaba a los dioses. Sekjä suspiró aliviado, el ruido de su exhalación apenas pudo escucharse. El Tlatoani estaba contento y la vena que surcaba su frente no se mostraba para anunciar la furia.

La diversión siguió sin interrupciones y el chocolate llegó a manos de Moctezuma. El dorado brillo de la jícara no pudo atrapar sus pupilas, pero su lengua se dejó perder durante un instante. Sus ojos, aunque fijos en los bufones, dejaron de mirar el espectáculo. Los horrores que se ensañaron con Tenochtitlan durante sus primeros tiempos en el trono ya estaban sepultados, la sequía del año 10 Conejo se había terminado y la tranquilidad volvía al reino. Todo era perfecto; sin embargo, el recuerdo de los tiempos en que los dioses le negaron la lluvia volvió sin que pudiera evitarlo.

*

El año 10 Conejo fue funesto. A pesar de los sacrificios y las guerras, los sirvientes de Tláloc no quebraron los cántaros del cielo. Las plantas se secaron, los rayos cayeron en seco y las nubes se largaron para otros rumbos sin que las plegarias pudieran cortarles las alas. Aunque las campañas emprendidas por Moctezuma lograron la victoria y los templos de los rivales se entregaron a las llamas, los corazones que se ofrendaron en los altares no pudieron aplacar a los dioses. Algo había faltado, algún pecado los contrariaba. Si los mexicas tenían las entrañas vacías y el orgullo herido, los hombres debían pagar por sus faltas. El hambre había llegado y ninguno era capaz de detenerla.

Entonces pasó lo que tenía que pasar: las lenguas empezaron a llenarse de ponzoña y los nombres de Tlacahuepan y Macuil comenzaron a entreverarse con los murmullos que anunciaban desgracias. A pesar del miedo, la gente comenzó a pensar que el Tlatoani estaba maldito y los señores de todas las cosas le daban la espalda. Moctezuma era el único culpable de la sequía.

Algo debía hacerse, los huesos se asomaban en la piel de los nobles y los macehuales. La delgadez de los que pronto se convertirían en cadáveres anunciaba el final del pánico que daría paso a la fatalidad. Los condenados por el hambre no tenían esperanzas, sólo ansiaban que llegara el momento que terminaría con sus sufrimientos. Las opciones se agotaban y el reinado del Tlatoani estaba en peligro. Si las cosas seguían por el mismo rumbo, Moctezuma se encontraría con el sabor del veneno que se disolvería en una jícara de chocolate. Su muerte tal vez pondría en paz a los dioses, o por lo menos les daría una satisfacción a los nobles y los sacerdotes. Ellos darían una explicación divina y las almas de los mexicas se tranquilizarían mientras su cadáver se entregaba a las llamas. El soberano no podía fallar y la sequía lo derrotaba.

Algo había que hacer y Moctezuma lo hizo: los graneros del reino se abrieron en Tenochtitlan y las trojes lejanas se vaciaron para llevar las mazorcas al valle. Al principio, él logró imponerse a la miseria y más de uno pudo mirarlo como el señor piadoso que alimentaba a su pueblo, como el amo misericordioso que se quitaba las tortillas de la boca para entregárselas a los más pobres; sin embargo, conforme las ruedas del tiempo siguieron girando, la huesuda volvió a mostrarse. Los graneros abiertos fueron en vano, las aguas no llegaban y las chinampas se cuartearon hasta que el excremento de sus dueños voló con las tolvaneras. A pesar de las calamidades, a Moctezuma aún le quedaba un movimiento que podía salvarlo: las tropas partieron hacia el mar para traer maíz del lugar donde nace el sol.

La rapiña era el único objetivo de las expediciones. Los ejércitos tomaron camino y no pasó mucho tiempo antes de que los mensajeros volvieran con noticias funestas: los guerreros habían logrado muy poco y el hambre siguió ensañándose con los mexicas. Las trojes de los huaxtecos y los cempoaltecas también estaban vacías. La sequía era para todos. Para colmo del infortunio, el riesgo de una campaña hacia las tierras del hule y la selva era demasiado alto para ser considerado, no había manera de alimentar a las tropas en el camino y los enemigos las enfrentarían con la certeza de que tenían las entrañas pegadas al espinazo. El fracaso de las armas podía ser mucho peor que el espectro del hambre. Una sola derrota daría la razón a los que se atrevían a culparlo.

La desesperación se apoderó de Tenochtitlan. Algunos se largaron del valle para buscar los lugares donde las nubes tendrían clemencia, otros vendieron a sus hijos como esclavos para llevarse algo a la boca, y unos más se dejaron morir pensando en el orgullo de no tener que limosnear. Los cadáveres secos y crujientes se volvieron cosa de todos los días, a veces ni siquiera el olor de la podredumbre alertaba a los vecinos de la muerte. El hambre se llevaba más vidas que la guerra y los hijos tuvieron que alimentarse con los cuerpos de sus padres.

Moctezuma trató de salvar a los nobles y les compró algunos de sus hijos, las arcas del palacio se abrieron y unos cuantos se sumaron a la corte. Los demás quedaron condenados y su linaje se borró para siempre. En esos momentos ya era imposible socorrerlos, las piedras verdes y las plumas perdieron su valor ante las mazorcas de delgados dientes.

De nada sirvieron los sacrificios y los cuerpos desollados. Incluso, los consejos de Nezahualpilli para construir nuevos acueductos cayeron derrotados por la falta de agua. Toda su sabiduría había sido destrozada por una realidad terrible, los manantiales de Chapultépec también estaban secos. Nada podía ser peor, pero las calamidades nunca llegan solas. Cuando la sequía amenazaba con volverse eterna, el sol fue devorado por la luna. El horror se apoderó de Tenochtitlan, los macehuales gritaban en la oscuridad y las mujeres preñadas se ponían sobre el vientre trozos de obsidiana para impedir que los monstruos de la noche bajaran del cielo y devoraran a sus hijos. Los dioses estaban furiosos y los mexicas clamaban sangre, todos exigían que los cuerpos llegaran a la piedra de los sacrificios y que las escalinatas de los templos se tiñeran con el alimento que apaciguaría a los amos de todas las cosas.

Y así, cuando Moctezuma pensaba que los dioses le retorcerían el cuello, los buenos augurios comenzaron a mostrarse: después de que flechó a un cautivo delante de todos, las fumarolas se ausentaron del Popocatépetl durante veinte días. La larga línea que nacía en el inframundo se borró del cielo.

132

El fuego ya no espantaría al agua y las serpientes de fuego dejarían de quemar las nubes. La señal era clara, inobjetable. Los sapos empezaron a croar. Las lluvias no tardarían en volver y las vidas no se apagarían con los rugidos que devoraban los cuerpos. Los dioses lo perdonaron y las aguas volvieron para sanar las fracturas de la tierra.

*

El enano jorobado levantó la voz para acentuar su actuación. Durante un instante, la mirada de Moctezuma quedó obligada a detenerse en sus maromas y sus palabras. Sonrió con desgana. Su tiempo se había terminado junto con el recuerdo de la sequía del año 10 Conejo. Los bufones se retiraron con el alma en vilo. Sekjä los acompañó a la puerta y regresó a su sitio. Sus ojos permanecieron fijos en el piso, pero sus sentidos continuaron alertas para adivinar los deseos del soberano; aunque él era uno de los preferidos, sabía que sus palabras debían quedarse mudas.

El Tlatoani lo observó con calma. En el cuerpo del joven aún estaban las marcas de su pasado, las grecas que florecían en su carne jamás se borrarían. Sekjä había nacido hñähñu, y tal vez en el fondo de sus almas todavía estaban los arcos, los venados, las costumbres toscas y las ansias de guerra contra Tenochtitlan. Su madre lo había parido bárbaro y comedor de perros; sin embargo, su presencia en la corte bastaría para que el pasado se olvidara.

Moctezuma estaba satisfecho. No se había equivocado, las guerras jamás serían suficientes para derrotar a sus enemigos y garantizar las alianzas. Incluso, sin que Nezahualpilli lo aceptara, uno de sus hijos se había incorporado a la corte. Cacama comía de su mano y sus ojos sólo miraban lo que Moctezuma observaba. Él era su apuesta al futuro, Ixtlilxóchitl y los otros hijos del Señor de Texcoco jamás podrían aspirar al trono que quedaría subordinado a Tenochtitlan.

Cuando la gran sequía del año 10 Conejo terminó, los almacenes de palacio se llenaron y los graneros que estaban en las cercanías del valle quedaron colmados. El mundo recuperó su ritmo y los días volvieron a su plácida monotonía. Los hambrientos se quedaron tranquilos y las maldiciones dieron tregua. A pesar de esto, la paz no podría ser duradera, los dioses siempre estaban hambrientos y una gran revuelta se escondía entre las pleitesías y los labios que sentían el sabor de la tierra. El hambre y la sequía habían acercado a los enemigos y los traidores, a los que deseaban quitárselo de encima y a los que estaban dispuestos a jugarse la vida con tal de matarlo. Las noticias que llegaban de más allá del valle no podían ser ignoradas, las armas sonaban y las lenguas bífidas se enroscaban en los colmillos de los rivales.

El Señor Ceñudo no se había sentado en el trono para mirar la unión de sus contrincantes. Las palabras de sus consejeros fueron ignoradas y sus mandatos se tiñeron con la brutalidad. En la corte, los nahuales se adentraron en la noche y se encargaron de los traidores; sus mujeres, sus hijos, sus nietos y sus bisnietos tampoco volvieron a respirar. Los enemigos que estaban más allá de las lagunas también se encontraron con su destino. Los ejércitos regresaron a los caminos, los templos se incendiaron y los tributos se exigieron con una precisión absoluta. Cada grano y cada arma que entregaban los hacían más débiles. Los guerreros mexicas se cubrieron de gloria y el yelmo del Tlatoani siempre estuvo en las batallas. Moctezuma nunca volvió a Tenochtitlan sin jalar la cuerda que ataba a sus cautivos. Él no era Tízoc, tampoco era Ahuízotl, él era el que jamás sería derrotado.

Las armas se cubrieron de sangre, pero eso no fue suficiente, las ansias de muerte y el peligro de la traición no morían con los pueblos carbonizados. Los rescoldos seguían vivos. Y entonces, poco a poco, las acciones de Moctezuma comenzaron a cambiar, la mano que apretaba el brazo y la obsidiana que destrozaba la carne se fundieron ante los enemigos. La paz y la alianza sólo serían posibles si los soberanos de las ciudades y los pueblos enviaban a sus sucesores a Tenochtitlan. Un rehén valía más que mil escudos.

Ante los ojos de todos, ninguno de los hijos de los rivales sería un cautivo, todos vivirían con honores y, al igual que los vástagos de la nobleza mexica, se sumarían a la corte del Tlatoani. Ahí aprenderían a comportarse y hablar de manera correcta, ahí honrarían a los dioses y conocerían la historia y la gloria de los mexicas. Los nobles que venían de los cuatro lados del mundo estaban a su lado, y cuando nadie los miraba les hacía el honor de conversar. Algunos incluso tuvieron la gracia de mirar su rostro. Él era su nuevo padre, el hombre que todo lo podía, el Señor que todo les concedía; ellos sólo eran los jóvenes que se rendirían sin tomar las armas.

Los vencidos no tuvieron más remedio que aceptar. Las palabras que Moctezuma dijo a Yólotl no eran casuales: los rehenes aprenderían a comer de su mano y a él le deberían todo lo que fueran cuando regresaran a sus pueblos. La verdadera alianza no sólo se firmaría en el cuerpo de las mujeres, también se edificaría en la posibilidad de tejer una telaraña que atrapara a los contrarios antes de que se sentaran en sus tronos. Sekjä, uno de los primeros que llegaron a la corte, volvería con los hñähñu transformado en el súbdito perfecto. La mezcla del miedo y la admiración quedaría tatuada en sus almas.

Moctezuma estaba seguro de que sus planes avanzaban sin que nadie se atreviera a detenerlos, los fantasmas de las largas guerras y la conquista de los pueblos lejanos no tardarían en desaparecer del horizonte. Unos pocos años serían suficientes para que todos se inclinaran ante él, ni siquiera los rumores que llegaban desde la costa podían preocuparlo. Las grandes canoas y los náufragos nada significaban.

V

Poco a poco, Moctezuma comenzó a apoderarse del futuro de los señoríos que estaban dispuestos a enfrentarlo, los jóvenes rehenes detenían las flechas y se convertían en sus lacayos. Aunque nadie se atrevía a levantar la vista ante su presencia, el recuerdo de Tlacahuepan y Macuil aún lo perseguía. Los viejos cortesanos y los familiares de los soberanos muertos eran peligrosos. Aunque el miedo se clavara en sus ojos, su hígado estaba negro y el veneno se acumulaba en sus colmillos. Axayácatl se había prodigado en demasía: sus más de cien hijos podían convertirse en los estandartes de los traidores; sólo Cuitláhuac, uno de sus hermanos menores, era confiable, sin que le temblara la mano había ordenado la muerte de seis de sus propios hijos con tal de no atarse a una alianza con Iztapalapa.

El destino de sus hermanos se decidió lentamente, las mujeres fueron entregadas a los soberanos de los territorios rivales como una muestra de lealtad o como la infructuosa promesa de una alianza. Sus cuerpos y sus almas no tenían valor. Lo que ocurriera siempre sería favorable para Moctezuma: si sus vientres parían, los reinos tal vez se unirían y sus sobrinos aprenderían a inclinarse; si eran asesinadas, tendría una excusa para que las armas vengaran el crimen. La más hermosa le sirvió para cumplir con uno de los compromisos que lo llevaron al trono, Nezahualpilli deseaba a Vulva de Jade y el

Tlatoani anudó sus mantos con una sonrisa de complacencia. El soberano de Texcoco se conformaba con poco: un rostro sin manchas y un cuerpo firme bastaban para que la hermandad se sellara y el ascenso al trono quedara pagado.

Las hijas de Axayácatl fueron útiles, pero los varones seguían siendo un riesgo. Los que osaron mostrarse más de lo debido fueron asesinados o hechizados sin que nadie pudiera salvarlos. A los supervivientes no les quedó más remedio que obedecer, algunos se convirtieron en los rehenes que se entregaron a cambio de los jóvenes nobles de los señoríos que asumieron la paz, y algunos, con un poco más de suerte, aceptaron los matrimonios impuestos. Aquéllos podían morir sin que el corazón del soberano se apesadumbrara, los mil escudos que valían los rehenes eran más importantes que sus vidas. Los demás se transformaron en las lenguas que jamás podrían pronunciar una palabra en contra.

Moctezuma lo sabía, antes de que la muerte lo alcanzara, él podría elegir a su sucesor. Lo que pensaran los dioses no tenía importancia, sus palabras serían las únicas que podrían trazar el destino de Tenochtitlan. Él era el imperio y el imperio era él.

*

El Tlatoani alejó el plato y dejó a su lado la jícara dorada. Algo de chocolate quedó en el fondo y los sedimentos trazaban figuras en sus paredes. Los sonidos que venían del templo anunciaban la llegada de la noche. A Moctezuma le urgía que oscureciera. Al cabo de unos momentos, sus pasos lo llevarían a donde tuvieran que llevarlo. En los corredores del palacio, las bancas fijas en las paredes estaban vacías: el rumor de su presencia había bastado para que sus ocupantes las abandonaran con premura. Sólo los guerreros y los guardianes de sus mujeres siguieron en sus puestos. Nadie trató de interrumpirlo, sus pensamientos no podían ser perturbados y lo que pasaba entre sus piernas era un asunto prohibido.

A pesar del deseo, Moctezuma se contuvo durante unos instantes. Salió y sintió el olor del jardín. Sus árboles jamás darían frutos, esas especies sólo podían estar en las casas de los que apenas tenían qué llevarse a la boca. La presencia de un solo zapote lo ofendería para siempre. El Tlatoani no necesitaba cultivar nada para comer, sus árboles únicamente existían para el placer, para entregarle el aroma que relajaba sus almas. No intentó verlos, la noche avanzaba y el sol apenas era una línea que se perdía entre los montes.

Sus ojos se quedaron fijos en el cielo, la negrura se interrumpía con el titilar que ocultaba los destinos. El rugido de uno de sus jaguares lo obligó a volver a este mundo. La bestia se alimentaba, sus colmillos desgarraban la carne de los torsos de los hombres que fueron entregados a los dioses. Los guerreros, los nobles y los sacerdotes no merecían las entrañas, para ellos eran las pantorrillas, los muslos y los brazos.

El tiempo había llegado.

Sekjä conocía sus deseos. Los corredores que llevaban a los aposentos de su favorita estaban vacíos, los fuegos apenas desafiaban la oscuridad y el lecho estaba dispuesto. Sobre los petates se habían colocado las mantas de algodón y Tayhualcan apenas se cubría con una tela que todo lo revelaba.

*

Moctezuma se levantó del lecho. Tayhualcan dormía sin que las alas de los murciélagos tocaran sus almas. Los fuelles de su espalda apenas interrumpían la quietud. La redondez de sus nalgas era una invitación para permanecer, pero lo vivido era suficiente. Si alguien descubría que había pasado más tiempo con esa mujer, las habladurías iniciarían. El deseo apenas aplacado tenía que bastarle. Le dio la espalda y sumergió sus manos en la jícara, el agua estaba fresca, casi fría. Se enjuagó el pene y caminó hacia sus aposentos.

Cuando terminó de cubrirse con la manta, sus músculos se relajaron. Se estiró sin miedo a los calambres y cerró los ojos. Los dioses estaban satisfechos y los malos augurios no podrían perseguirlo aunque una sombra estuviera cerca. Sin embargo, el tiempo se volvió lento, la paz no llegó y la oscuridad se hizo pegajosa. La imagen de Nezahualpilli se impuso a sus deseos. El buen día había terminado por el insomnio, el cuerpo de Tayhualcan no había podido desterrar la negrura que lo asechaba. Vulva de Jade había fracturado la alianza y la traición se había adueñado de las almas del Señor de Texcoco. Las manos que apretaron el cuello de la hija de Ahuízotl no saciaron sus ansias de venganza. El hombre que lo había apoyado para llegar al trono estaba poseído por el mal.

Las voces que venían desde su hígado apenas podían ser aplacadas. Moctezuma tenía que convencerse: no faltaba mucho para que ese problema se resolviera. El pasado no debía torturarlo, él sólo hizo lo necesario para darle una salida honrosa a Nezahualpilli.

Se llevó la mano a la cara y sintió el aroma de Tayhualcan. El agua no lo había borrado. El insomnio llegaba y no tenía más opción que el recuerdo.

*

Ante el Tlatoani nada podía ocultarse y las murmuraciones que venían de Texcoco pronto revelaron la verdad: Vulva de Jade era una puta. Las piernas de la hija de Ahuízotl se abrían para recibir a los guerreros y sus guardianes, y su sexo se humedecía una y mil veces con los nobles y los comerciantes. Incluso se había entregado a los esclavos y los macehuales. La primera vez que escuchó las habladurías, Moctezuma sólo contuvo su sonrisa, Nezahualpilli ya estaba viejo y no era capaz de apagar los ardores de su mujer. Sin embargo, cuando las voces se volvieron constantes, su ceño quedó atravesado por la vena de la ira.

Aunque su honra se ensuciaba con las miradas de sus súbditos, Nezahualpilli no era capaz de sospechar lo que ocurría en la alcoba de su preferida. Los encuentros con Vulva de Jade lo habían embrujado. Sus caricias eran más fuertes que el toloache y la lengua que recorría su pene le sorbía las almas. Nadie le dijo nada, las burlas de los cortesanos jamás fueron abiertas. Su única sorpresa era mirar cómo aumentaba el número de esculturas en su palacio. Vulva de Jade siempre exigía una nueva y supervisaba con gran cuidado el labrado de los rostros. Cada una representaba al hombre que había muerto para que los secretos del lecho de su mujer no se conocieran. Todas estaban vestidas y Vulva de Jade se agachaba para olerles el taparrabo, para recordar la única noche que se había revolcado con ellos. Cada escultura era la historia de un engaño.

Moctezuma prefirió guardar silencio. Una sola palabra bastaría para que su alianza se rompiera. La putería de Vulva de Jade era peligrosa, la traición al Señor de Texcoco podía volverse en su contra.

Una noche, Nezahualpilli se encaminó hacia los aposentos de la hija de Axayácatl y los sirvientes trataron de detenerlo. Un mal aire, un sueño profundo y la sangre entre las piernas intentaron frenar sus pasos. Todas las razones fueron ignoradas y siguió adelante. La descubrió como si fuera la peor de las bestias: todos sus orificios estaban siendo penetrados. La ira del Señor de Texcoco no tuvo límites, los amantes fueron despellejados en vida, los cortesanos que habían ocultado los amoríos se enfrentaron con la degollina y Vulva de Jade fue presentada ante los nobles.

Ahí, frente a los grandes señores, Nezahualpilli narró los hechos. Aunque sus palabras fueron cuidadosas, todos conocían lo que intentaban ocultar, las matanzas en su palacio desataron las voces. Moctezuma lo escuchó y apoyó la sentencia sin defender a su hermana. Si los ladrones eran golpeados con carrizos llenos de arena y conducidos a una canoa para ser flechados, la mujer del Señor de Texcoco merecía algo peor: Vulva de Jade fue estrangulada delante de los nobles y su cadáver se abandonó en un camino lejano para que los carroñeros se alimentaran.

La sentencia se aplicó sin miramientos, pero el odio se mantuvo. Aunque las manos del Señor de Texcoco sintieron la venganza mientras el rostro de su preferida se amorataba, sus almas estaban dolidas. Moctezuma le había entregado a Vulva de Jade sabiendo que era una puta, lo había dejado acercarse a ella para humillarlo por sus flaquezas. Él era el culpable de su deshonra, el responsable de las burlas y las miradas compadecidas. Así, desde el día que sus manos se cerraron sobre el cuello de la hija de Axayácatl, Nezahualpilli dejó de utilizar las palabras floridas con el Señor de Tenochtitlan. Moctezuma ya nunca sería su hijo bien amado.

Al principio, el Tlatoani creyó que lo mejor era darle tiempo. Su aliado tendría que aceptar lo inevitable: una puta valía mucho menos que el imperio. Sin embargo, los días pasaban y el odio se apoderaba del cuerpo de Nezahualpilli.

*

Moctezuma se levantó. A pesar del frío, el sudor corría por su pecho y su rostro. La lengua de obsidiana del Descarnado lo había lamido. No llamó a ninguno de sus sirvientes. Se sentó en su lecho y la oscuridad se adueñó de sus almas. Nezahualpilli ya tendría su momento, ahora sólo podía esperar que Yólotl lograra su cometido.

Volvió a su lecho y juró que las noches siempre transcurrirían como si nada pasara, los dioses no podían detener sus planes, el Señor de Texcoco tampoco podía descubrirlos y los enemigos harían lo que él había previsto. La suerte estaba en el aire. Hasta que llegara el día anunciado, nada podía hacer para cambiarla.

VI

Las sequías llegaron y las tropas se prepararon para avanzar hacia Tlaxcala. Nada alteraba el giro de las ruedas del tiempo, los rituales debían cumplirse: si los amos del universo tenían hambre y las tierras estaban yermas, Nezahualpilli debía estar a su lado en el campo de batalla. Así lo mandaban la alianza y los dioses, la guerra florida era la única manera de lograr que la vida regresara a los surcos, los horrores del año 10 Conejo jamás podían repetirse.

Los arsenales se abrieron y los templos quedaron marcados con el color de la sangre que rogaba a los dioses por la victoria, el sacerdote volvió a vestirse con la piel de una sacrificada y los guerreros bramaron para invocar la victoria. Los dioses miraban a los mexicas con los ojos limpios y presagiaban la victoria. El hambre eterna sería contenida y la tierra se humedecería para confirmar el poder de Moctezuma.

En las frentes de los grandes señores, ninguna línea delataba la pesadumbre. Los amos del universo no eran los únicos que bendecían sus acciones, cada uno de los movimientos en contra de Tlaxcala había sido planeado: los ejércitos divididos rodearían a los enemigos y juntos los aplastarían. Sin embargo, el secreto de lo que verdaderamente ocurriría apenas lo conocían Yólotl y Moctezuma.

*

Antes de que el sol se ocultara, Nezahualpilli volvió a Texcoco y Moctezuma se preparó para esperar el momento de la partida. Un día entero tendría que permanecer inmóvil hasta que las tropas de su aliado comenzaran a avanzar hacia el territorio enemigo. Ése era el tiempo que también debía aguardar para que se sumaran las fuerzas de Tlacopan.

El rencor no manchó los rituales y el Señor de Texcoco lo tomó del brazo delante de los principales. La hermandad parecía ratificada: el hombre sabio y el guerrero todopoderoso estaban en paz. Nada se oponía a la alianza. Así, aunque los grandes creyeron que las almas de Nezahualpilli estaban tranquilas y las puterías de Vulva de Jade se habían borrado, el Tlatoani sintió su tirria, la confianza no estaba en sus dedos y las palabras correctas jamás salieron de su boca, la cortesía no pudo engañarlo.

Moctezuma bajó la mirada ante el texcocano. El respeto casi humillante era fundamental. El tiempo de ajuste de cuentas aún no llegaba. Ningún movimiento podía revelar lo que sentía, el asco y la ira debían ocultarse. El ojo de venado, el fragmento de obsidiana y el colibrí disecado que apenas se asomaban en la cintura de Nezahualpilli le daban la razón: el soberano de Texcoco no confiaba en él y se protegía de los males que le robarían las almas.

—Te amo padre... que los dioses te acompañen y tus armas se tiñan de sangre —dijo delante de todos.

Sus palabras casi eran fuertes, Moctezuma necesitaba que fueran escuchadas.

—Que así sea —respondió Nezahualpilli antes de darle la espalda.

El Tlatoani permaneció en su sitio hasta que la figura del Señor de Texcoco escapó de su vista. Los guerreros y los sacerdotes vieron cómo se inclinaba y sus dedos rozaban la tierra

144

para llevársela a los labios. Nezahualpilli era el único que merecía este homenaje.

*

Esa noche, Moctezuma no recorrió los pasillos del palacio para encontrarse con alguna de sus mujeres. El lecho de Tayhualcan permaneció vacío y el sueño terminó arrugando la tela que todo lo revelaba. Ninguna hembra valía más que el imperio. La comida que le ofrecieron tampoco llegó a sus labios y los contrahechos se largaron a sus jaulas sin provocar una sonrisa.

El cuerpo del soberano estaba marcado por la incertidumbre. Sus movimientos casi eran bruscos y su ceño se esforzaba por mantener la compostura. Nunca subió la voz, pero sus palabras se volvieron escurridizas. Poco a poco, sus consejeros abandonaron la estancia, no tenía sentido que trataran de acompañarlo. Los monosílabos y las fórmulas de cortesía impedían cualquier conversación. Algo pasaba. La guerra estaba en el horizonte, pero lo que ocurría en el palacio estaba más allá de las armas.

La estancia se quedó casi sola, únicamente los rehenes que venían de los cuatro rumbos del mundo permanecían en los pasillos cercanos. En la sala del consejo apenas quedaba uno de ellos. Sekjä se atrevió a mirar al soberano. Los músculos de su espalda y la eslabonada línea de su espinazo se delineaban con la luz de la luna. Moctezuma ya era más que un adulto, pero la flacidez no le acariciaba el cuerpo. A pesar de las llamas de los braceros, su rostro era oscuro, pero Sekjä tenía claro lo que pasaba: los huracanes se ensañaban con las almas del Tlatoani.

La tentación de pensar que los dioses le habían dado la espalda a Moctezuma empezó a roerlo. Quizás allá, en el templo, los augurios habían sido funestos y el Tlatoani conocía la tragedia que no podía revelar. El mal los alcanzaría y los

145

colmillos de obsidiana se enterrarían en su carne. Lo mejor era que se quedara inmóvil antes de que la vena en la frente de Moctezuma invocara la desgracia.

La delgada línea de sudor que corría por la frente de Sekjä nacía del miedo. Su ruta casi era imperceptible, un pequeñísimo tramo a cada instante. El leve viento que se colaba por el pasillo no podía secarla. Pronto le llegaría al ojo y no podría evitar el ardor. Tenía que permanecer firme. El más leve movimiento bastaría para perturbar a Moctezuma. Lo que el Tlatoani deseaba estaba más allá de sus posibilidades, Yólotl aún no llegaba a la sala del consejo.

*

Cuando los pasos del viejo guerrero se escucharon en el corredor, las almas de los jóvenes rehenes se relajaron. Tal vez, él podría traer la paz al palacio. Ninguno lo retrasó, nadie se atrevió a cuestionarlo. Sólo Sekjä se envalentonó lo necesario para murmurar su presencia cuando estaba a unas pocas zancadas.

Moctezuma hizo una seña con cierta premura.

Yólotl entró sin ceremonias.

—Ven... acércate —dijo el soberano mientras caminaba hacia el rincón más alejado.

La oscuridad y las sombras debían ser sus únicos testigos, ni siquiera los dioses podían escuchar sus palabras. Sekjä dejó la estancia sin dar explicaciones, sus oídos no eran dignos de enterarse de lo que ahí se diría.

El viejo guerrero obedeció. Los rituales de la corte se habían olvidado.

Poco a poco, los ojos de Moctezuma recorrieron el rostro del soldado. Necesitaba meterse en sus almas, averiguar si sus palabras estaban torcidas. El viejo sostuvo su mirada sin retarlo, si el Tlatoani se lo pedía, él se abriría el cuerpo para mostrarle que su hígado estaba limpio.

El soberano suspiró. Yólotl no mentiría.

—¿Nada fallará? —preguntó Moctezuma tratando de contener su preocupación.

—Nada, mi Señor, nada fallará.

—¿Estás seguro?

—Sí, mi Señor... yo estuve con ellos, sus almas ya están envenenadas, los tlaxcaltecas harán lo que tienen que hacer.

Moctezuma tomó su brazo y le agradeció con la mirada.

Los músculos del guerrero no se sentían firmes, su piel ya era suave como la de los ancianos. El Tlatoani casi estuvo a punto de soltarlo con violencia. La repulsión no duró mucho. Lentamente aflojó la mano y comenzó a observarlo, las cicatrices de la guerra y los dioses empezaban a ocultarse entre las arrugas. Su hombre de confianza no duraría mucho. La muerte estaba cerca y Moctezuma se quedaría solo. Nadie, absolutamente nadie podría cumplir con los trabajos de Yólotl, él era el cuchillo perfecto, la mano que abría las gargantas, el asesino que cegaba la vida de los peligrosos, el hombre que no preguntaba por lo que parecía una traición. Yólotl era el nahual, el vengador, el único que siempre lo protegería.

—Así es la vida, mi Señor, así es —murmuró el guerrero sin que la pena se asomara en sus palabras.

El viejo había descubierto sus pensamientos, y como siempre le abría el paso a una respuesta honrosa. Los ojos de Yólotl no estaban opacos, la textura viscosa aún no los manchaba. Los afilados pedernales de sus pupilas eran el resumen de su historia, la huesuda se reflejaba en su oscuridad. Yólotl miraba como los hombres que han disfrutado el placer del asesinato.

—No... así no es tu vida, siempre serás peligroso —dijo Moctezuma.

—Puede ser, mi Señor, pero usted jamás correrá peligro a mi lado —respondió Yólotl mientras sonreía.

*

Yólotl se perdió en las sombras y Moctezuma se quedó solo. Una seña bastó para que Sekjä y los cortesanos abandonaran los pasillos. Lentamente caminó hacia el trono. Sus manos se dejaron atrapar por las pieles de jaguar; las manchas de la noche eran sus únicas acompañantes. El espejo negro de Tezcatlipoca nada reflejaba, su oscuridad era impenetrable. Ésa era una buena señal. Una silueta habría bastado para que tuviera que detenerse. La verdad sólo la conocía el viejo guerrero, los hombres que lo escoltaron no regresaron a la ciudad y sus cuerpos se arrojaron a la más profunda de las barrancas. Nadie podría hallarlos y el encuentro nunca sería descubierto. La hora de Nezahualpilli estaba a punto de llegar.

*

Las tropas mexicas partieron en el momento indicado. Durante el primer día, su marcha fue la acostumbrada, la comida llegó mientras seguían adelante y apenas se detuvieron para dormir un poco. La prisa era justificada, los dioses estaban hambrientos y su disgusto podría provocar una desgracia. Sin embargo, cuando el sol comenzó a nacer, los sacerdotes se tardaron mucho más de lo acostumbrado: sus ruegos fueron más largos y los sacrificios fueron víctimas de la parsimonia. Moctezuma no parecía preocupado. La lentitud no era peligrosa, el ritual debía cumplirse hasta el mínimo detalle.

Cuando llegaron a los llanos, el Tlatoani ordenó que esperaran la llegada de toda la columna. Tres días no parecían demasiados. Las tropas debían avanzar juntas para ocupar la posición que les correspondía.

Ningún mensajero salió del campamento mexica para avisarle a Nezahualpilli. No había razón para alertarlo del retraso. Los dioses tal vez exigían lentitud y quizás habría que obedecerlos. Las tropas de Texcoco ya estaban preocupadas. Los mexicas aún estaban muy lejos y por eso dos de sus guerreros partieron para pedirle a Moctezuma que avanzara más rápido.

Ninguno llegó a su destino: las flechas de los tlaxcaltecas los sorprendieron en una vereda. Sus cuerpos no quedaron abandonados, los arqueros se los llevaron y los escondieron en el lugar perfecto. Nadie podría encontrarlos, y si acaso se topaban con ellos, ninguno sería capaz de reconocerlos, los cuerpos desollados pronto serían presa de las fieras y los gusanos.

Las fuerzas de Tenochtitlan y Texcoco estaban incomunicadas, la muerte se asomaba en el horizonte.

*

—Mañana —dijo Yólotl.

Las llamas de la hoguera apenas alcanzaban a dibujar el cuerpo del guerrero.

—¿Estás seguro? —preguntó Moctezuma.

—Sí, mi Señor, su grandeza sabe que estoy seguro.

El Tlatoani se levantó. Necesitaba estar solo, pero el campamento jamás se lo permitiría. Apenas caminó unos pasos y sus pensamientos se perdieron en el fuego.

—Yo nunca traiciono… yo sólo salvo al imperio —murmuró Moctezuma antes de dirigirse a su tienda.

VII

Cuando el sol renació, no tuvieron que caminar demasiado para llegar a su destino. Frente a ellos estaban las fortificaciones de los tlaxcaltecas. Tras los muros y las palizadas, los enemigos se preparaban para rechazarlos. La sorpresa era imposible, los años de guerra habían transformado su territorio en una fortaleza. Moctezuma observó a sus hombres, los que cargaban las escaleras estaban listos, a sus flancos se encontraban los guerreros que se enfrentarían a los defensores. Los largos dardos estaban en las lanzaderas, las flechas en las cuerdas y las hondas sentían la contundencia de las piedras. Su orden sería suficiente para que la muerte se desatara.

Pero Moctezuma no se decidía a levantar su arma.

El silencio era sospechoso. Ninguno de los soldados de Tlaxcala se asomaba en las defensas y sus insultos habían sido devorados por el aire. El tiempo parecía estático. El movimiento de las nubes era la única muestra de su avance.

La estrategia era incomprensible. Sólo Yólotl estaba tranquilo y de cuando en cuando escrutaba el horizonte en busca de señales.

De pronto, entre las lomas cercanas aparecieron unos cuantos hombres. Poco a poco, las pequeñas figuras comenzaron a revelarse: soldados de Texcoco. Sin preguntarle al soberano, Yólotl envió un grupo de guerreros para que los protegieran.

La acción fue desmesurada, ninguna flecha entorpeció su marcha.

*

El Tlatoani los vio, sus rostros tenían los arañazos de la muerte y sus cuerpos mostraban los cortes del combate. Se acercó a ellos.

—Señor, gran Señor —dijo el primero.

Su cuerpo sudoroso y sucio estaba inclinado.

—Habla —respondió Moctezuma.

—Nos sorprendieron.

El silencio del soberano lo obligó a seguir adelante.

—No hubo cobardía, cuando menos lo esperábamos nos salieron al paso y nos atacaron desde los cerros. Apenas pudimos defendernos.

El recuento de la derrota no fue muy largo: los mejores guerreros de Tlaxcala los habían atacado en las peores condiciones. El estrecho cañón se convirtió en una trampa y muy poco pudieron hacer para contener la emboscada. Antes de que las sombras se alargaran, los escasos supervivientes emprendieron la huida.

Moctezuma no parecía sorprendido.

—¿Y Nezahualpilli? —preguntó el soberano.

—Los dioses nos sonríen, nuestro Señor no venía con las tropas. Dos de sus hijos marchaban al frente del ejército y están muertos. Nezahualpilli se quedó en Texcoco, sus ruegos eran necesarios para los dioses.

Moctezuma les dio la espalda y su grito liberó a los demonios de la guerra. Las defensas cayeron y las armas de los mexicas se cubrieron de sangre. Los hombres de Tlaxcala apenas pudieron resistir el primer encontronazo. Sin embargo, ninguno valía la pena, se trataba tan sólo de macehuales que ya estaban vencidos antes de que iniciara la contienda.

*

El Señor de Señores caminó entre los restos del combate. Ninguno de sus guerreros había caído en la batalla, pero tampoco hubo cautivos. Las largas cuerdas no sintieron la caricia de los nudos. Alimentar a los dioses con sangre débil era una ofensa que Moctezuma no podía permitirse. A pesar de la mala suerte, su semblante estaba casi sereno. Aún no existían razones para preocuparse, las tropas seguirían avanzando y las sogas se llenarían de soldados.

Yólotl se acercó lentamente. El dolor del fracaso trituraba sus coyunturas, la sangre que se había derramado no bastaba para compensarlo.

El Soberano lo miró y lo dejó acercarse sin ceremonias.

—Mi Señor —dijo a Moctezuma.

Durante un instante, el Tlatoani guardó silencio.

—Nezahualpilli conocía mis planes…

Las palabras de Moctezuma casi eran quedas. La ira contenida se asomaba en cada una de sus sílabas.

—No, mi Señor, él nada podía saber, los que conocían los planes están muertos.

—¿Entonces? —replicó el soberano.

—Los dioses, sólo ellos pudieron advertirle.

—¿Y tú?

—No, mi Señor, yo no puedo traicionarlo, mi vida es suya.

Moctezuma tomó su brazo. Algo de compasión quedaba en sus almas.

—Lo sé… lo sé desde siempre.

Yólotl bajó la mirada, sus esfuerzos habían sido vanos.

*

Mucho antes de que las tropas salieran de Tenochtitlan, Texcoco y Tlacopan, Yólotl se había adentrado en el territorio de los tlaxcaltecas. Su misión era decisiva para el futuro del imperio. Apenas fue acompañado por unos cuantos guerreros.

Durante varios días se movió como tlacuache y logró esquivar las defensas. Llegó a Tlaxcala, ahí se entrevistó con los grandes señores. Sus palabras fueron parcas y siempre estuvieron marcadas por los rituales que los dioses exigían; las guerras entre los mexicas y los tlaxcaltecas nunca serían de exterminio, su fin era divino. Sin embargo, en esta ocasión, Yólotl mintió a sus enemigos, dijo que Nezahualpilli no entraría en combate para alimentar a los señores del universo, sólo buscaba arrasar las tierras, destruir los templos y asesinar a todos. Eso no podía suceder, los dioses jamás perdonarían la deshonra de las guerras floridas.

Los soberanos de Tlaxcala escucharon al guerrero sin inmutarse. Cualquiera que los mirara podría pensar que la revelación de los planes del soberano de Texcoco sería ignorada. Sin embargo, el silencio y las miradas desconfiadas no duraron mucho.

—Necesitamos una prueba de la verdad de tus palabras —dijo el más viejo de los señores.

Los ojos ciegos del anciano Xicoténcatl parecían meterse en su cuerpo.

—No tengo que dárselas —respondió Yólotl—, cuando llegue el momento ustedes las verán.

El desplante de Yólotl estaba calculado, los hombres más poderosos de Tlaxcala jamás podrían ordenar su muerte; ellos, por más batallas que hubieran librado, ya habían sido víctimas de sus engaños.

—¿Y qué veremos? —preguntó uno de los principales.

—Las tropas de Nezahualpilli avanzarán solas. Mi Señor no está de acuerdo con él. Es más, el gran Moctezuma les ofrece retrasar su marcha, se sentirá contento si en la primera batalla sólo se enfrenta a los macehuales. Pero ustedes deben atacar a Nezahualpilli con sus mejores hombres. Sus dioses merecen la sangre del soberano de Texcoco.

El anciano sonrió.

La sorna no podía ocultarse.

—Tu Señor es un traidor.

—No, al gran Señor de Tenochtitlan sólo le preocupan los dioses y el futuro de su imperio. Nezahualpilli ya no es de confianza, ustedes conocen la verdad: la traición de Vulva de Jade pudrió sus almas.

—Imagina que te creemos, ¿no haría falta una garantía?

—¿Cuál? —preguntó Yólotl.

—Tres días serán suficientes.

—Pero Nezahualpilli descubrirá los planes.

—Ése es un riesgo que deben asumir.

—No podemos, nuestra alianza con Texcoco es sagrada.

—Y nuestros arqueros diestros.

—¿Puedo contar con eso?

—Sí.

—Sólo una cosa, si los mensajeros de Nezahualpilli llegan a nuestro campamento, los mexicas redoblaremos los pasos.

*

Después de las batallas, las tropas volvieron a Tenochtitlan y los dioses se alimentaron. Ante los ojos de todos, la muerte de los hijos de Nezahualpilli estaba vengada, todos los pueblos tlaxcaltecas que cayeron bajo las armas de los mexicas se transformaron en cenizas y no quedó piedra sobre piedra de sus templos.

Esa noche, en el palacio todo era perfecto, los grandes señores, los sacerdotes y los guerreros se alimentaban mientras los bufones les daban la oportunidad de sonreír. Las jícaras estaban llenas de cacao y los hongos no tardarían en llegar para llevarlos al mundo de los dioses.

Moctezuma se levantó de su trono y llegó al lugar donde estaba Nezahualpilli. Lo tomó del brazo y con una seña lo invitó a acompañarlo.

Salieron. La noche era fresca y las bestias de los jardines estaban mudas.

—Los dioses te protegieron —dijo Moctezuma.

—Tal vez —respondió el Señor de Texcoco.

—Tus hijos tuvieron una buena muerte.

—No lo sé, a veces creo que en la guerra se puede morir de muchas maneras.

—Pero todas son buenas…

—¿Quién lo sabe? La traición siempre es una deshonra.

Nezahualpilli no necesitaba decir más. De alguna manera había descubierto los planes de Moctezuma.

—¿Quieres venganza? —preguntó.

—No —contestó Nezahualpilli.

—¿Entonces?

—Quiero tiempo, los traidores terminarán muriendo. Los dioses les darán la espalda y los augurios de su agonía no tardarán en mostrarse. Los dioses me hablaron y ahora sé que un imperio se ahogará en su sangre.

Moctezuma asintió y volvió a tomarlo del brazo.

Con una cuidadosa cortesía, Nezahualpilli le retiró la mano.

El Tlatoani intentó hablarle, pero el soberano de Texcoco lo interrumpió.

—Quizá tengas razón, la muerte puede alcanzar a cualquiera en la guerra. ¿Quién puede dudar de la puntería de los enemigos? Ahora ya sólo debo preocuparme por mis hijos que pueden heredar el trono. Sé que tienes debilidad por Cacama, él come de tu mano y mira con tus ojos, pero Ixtlilxóchitl es distinto, dicen que se parece a mí.

—Tienes razón…

—Por favor, te suplico que me dejes continuar.

—Adelante.

—Si algo le pasara a Ixtlilxóchitl no me quedaría más remedio que pensar que ese accidente fue obra de mis enemigos. Mi hijo no puede ser hechizado, tampoco puede amanecer con las marcas del nahual. Si eso ocurriera, las alianzas no tendrían sentido y los augurios de la desgracia se revelarán ante todos.

Moctezuma asintió sin que en su rostro se mostrara la pesadumbre. Ya no tenía sentido que siguieran juntos, valía más que los vieran volver mientras el Tlatoani mantenía su mano en el cuerpo de Nezahualpilli.

La ira ya tendría su momento. Nezahualpilli no había caído en su trampa y ahora lo amenazaba sin miramientos.

*

Esa noche, las viejas palabras comenzaron a escucharse en su alcoba. Las voces venían de los espectros, los hijos de Nezahualpilli y los hombres que conocieron a los nahuales se convirtieron en un coro siniestro. El murmullo era inquebrantable. Moctezuma se pasó la mano por la cara, el olor de Tayhualcan no estaba en sus dedos. Lentamente su mano comenzó a adentrarse en su braguero, los vellos tiesos guiaban su camino. Se tomó el pene. Necesitaba herirse, necesitaba que el dolor asesinara las voces.

—Hice lo que tenía que hacer —dijo mientras tomaba una larga púa.

La piel volvió a sentir el dolor y una gota colorada cayó en el suelo.

—Yo no traiciono... sólo salvo al imperio —murmuró mientras cerraba los ojos para atravesarse la carne.

Poco a poco retiró la púa y dejó que sus manos se mancharan. Se acercó las palmas a la nariz y aspiró su aroma. Su lengua comenzó a recorrerlas, sólo su sangre era capaz de lograr que los dioses lo comprendieran.

*

Nezahualpilli no le había mentido. Poco a poco, los augurios funestos comenzaron a revelarse ante sus ojos. El mal había llegado, sus marcas estaban en los cielos y en las aguas que se abrían por las quillas de las canoas aladas.

Cuarta parte

I

El largo papel seguía extendido frente a sus ojos. Sus dedos no podían negarse a sentir la rugosidad de las fibras que se acentuaba en los dobleces. La duda era imposible: los dibujos mostraban la verdad, el miedo de los tlacuilos y los espías garantizaban su exactitud. Las pesadillas eran reales, el mal había regresado a la costa. La desgracia golpeaba a Moctezuma después de varios años de noticias y profecías que no pudo callar. Sus órdenes no tuvieron la fuerza de la mordaza y las murmuraciones se apoderaron de la ciudad.

Moctezuma observó los trazos y su índice comenzó a recorrer las líneas que describían a los hombres cubiertos de metal. A pesar de los rumores añejos, poco sabía de ellos. Sus enviados fueron parcos y nada añadieron a lo que ya conocía: apenas eran un poco más altos que sus guerreros, los pelos de sus rostros eran rígidos como los de un puerco montés, apestaban a sudor rancio y sus dientes estaban podridos, jamás se los habían frotado con la ceniza de las tortillas ni, mucho menos, se sacaban los restos de comida con una espina de maguey. Sus maneras también eran distintas, el escándalo y los modales salvajes marcaban sus acciones.

—¿Sangran? —preguntó Moctezuma con ansia de que las viejas noticias fueran verdaderas.

—Sí —respondió el tlacuilo—, la muerte también los alcanza.

Una exhalación marcó el pecho del soberano. Ellos no eran distintos de los que antes habían llegado a la costa. Los enemigos no eran inmortales; sin embargo, el fuego y los rayos que salían de sus manos eran peligrosos, los venados descornados parecían terribles y sus perros acorazados atacaban a los hombres como seres del inframundo. Ahora lo sabía, la muerte descendía de las inmensas canoas aladas y los recién llegados habían derrotado a los chontales.

*

Moctezuma detuvo su mano. No quería volver a tocar los dibujos, un roce de más podría materializar a los enemigos. Durante varios años había tratado de convencerse de que los teúles no regresarían y las grandes canoas jamás volverían a verse en el horizonte. La primera vez que había oído hablar de ellos fue poco después de los grandes huracanes que arrancaron los árboles y destruyeron las casas de la selva; un par había llegado a la costa sin que el mar se atreviera a devorarlos. Los mayas los capturaron y los mataron sin miramientos: uno fue flechado para alimentar a los dioses y el otro perdió la vida después de que encendieron una hoguera sobre su vientre. El rumor de que su carne no era amarga también llegó a sus oídos.

En aquella ocasión, Moctezuma apenas escuchó lo que le contaban. Nada había más allá de las islas que estaban a unas cuantas jornadas de la costa y, a lo más, aquellos seres eran muy parecidos a los deformes que tenía enjaulados en sus jardines. Sus albinos, sus enanos y sus jorobados nada envidiaban de los náufragos peludos. A pesar de esto, su tranquilidad no fue muy larga, las grandes naves volvieron y la guerra llegó a la costa. Cuando los hombres acorazados desembarcaron en Chakán Putún, Moxcoboc los atacó con todas sus fuerzas.

Aunque las flechas no mataron a muchos, los supervivientes huyeron sin llevarse los cadáveres, que quedaron abandonados en la playa. Aquella vez, la preocupación no se ensañó con el Tlatoani, si un soberano de poca monta los había derrotado, sus tropas los vencerían en un parpadeo.

Poco a poco, los hechos de Chakán Putún comenzaron a olvidarse. Moctezuma insistía en el silencio, ningún gobernante sin importancia podía tener una victoria que opacara sus glorias. Aún más, los hombres acorazados eran cobardes, unos cuantos flechazos habían bastado para ahuyentados. Sin embargo, ellos volvieron y los espías del Tlatoani los siguieron casi desde el momento en que sus naves se acercaron a la playa. Esta vez eran más y venían dispuestos a la batalla. En Cintla, el soberano de los chontales intentó detenerlos: doscientos de sus guerreros murieron antes de que se rindiera y les entregara su tributo, unas cuantas petacas con joyas y unas pocas mujeres sin marcas de nobleza. La mayoría de esas hembras sobrevivió apenas unos días; los hombres acorazados las penetraron hasta que la vida se les escapó por el sexo ensangrentado.

Moctezuma entregó el papel a uno de sus consejeros. Con una cuidadosa lentitud lo dobló mientras trataba de evitar que sus ojos se detuvieran en las imágenes. Ya nada quedaba por decir. Los espías y los tlacuilos salieron de la sala del consejo. El silencio se impuso entre los guerreros que lo acompañaban. Una señal casi imperceptible determinó el futuro: los hombres que le habían contado los hechos de Cintla debían morir antes de que dejaran el palacio. Nadie en Tenochtitlan podía conocer su historia y los soldados que la habían escuchado se amarrarían los labios.

*

A pesar de la oscuridad que ensombrecía los trazos, el mensaje no podía ser puesto en duda. Moctezuma debía sopesar sus consecuencias: los hombres de metal tal vez no se irían y él no tendría más opción que enfrentarlos. Los rayos y el fuego chocarían con la obsidiana. La guerra que jamás había librado estaba a punto de comenzar. La gruesa vena que cruzaba su frente se inflamó para acentuar su gesto, y los guerreros desearon que sus pasos los llevaran a otro sitio. Tuvieron suerte, la furia no se adueñó del soberano. A pesar de lo que había visto, las almas de Moctezuma estaban tranquilas. La confianza en su poder aún le daba la oportunidad de convencerse de que los teúles volverían al lugar de donde habían partido.

Los dioses comen de mi mano… soy invencible, pensó antes de asumir que la derrota de Cintla no podía decidir la guerra. Doscientos chontales muertos no eran nada, esa batalla no podía vencer al miedo que les mordía las almas a los que pronunciaban su nombre.

*

La frágil tranquilidad de Moctezuma no duró mucho, apenas habían pasado tres días cuando los mensajeros de Cuetlaxtlan llegaron con peores noticias. Las naves de los teúles seguían avanzando y pronto se verían en los rumbos de Cempoala y el territorio de los huaxtecos. El riesgo no era poco, sus enemigos serían los primeros en encontrarse con los guerreros acorazados.

Los hombres de Cuetlaxtlan abandonaron el palacio sin escuchar una sola palabra. Un levísimo movimiento fue suficiente para que se alejaran sin dar la espalda. Moctezuma necesitaba quedarse solo. Sus consejeros y los guerreros no debían perturbarlo. Valía más que se quedaran afuera, esperando hasta que los muslos se les acalambraran de tanto estar en cuclillas. Nadie debía interrumpir sus pensamientos. La imagen de la derrota se asomó en su corazón y su hígado sintió el golpe del miedo al fracaso; pero él no podía rendirse, la buena muerte era el mejor de sus consuelos.

Necesitaba pensar. Su cabeza no se debía perder en los laberintos de sus almas. Los ojos ciegos de la máscara que sus hombres le habían traído de Teotihuacan lo escrutaban para mostrarle la historia que podía repetirse. Sus dedos comenzaron a recorrerla, a tratar de adivinar la lisura que se ocultaba tras los pequeñísimos mosaicos de turquesa y coral. Poco a poco, Moctezuma descubrió lo que debía hacer: el secreto se encontraba en el pasado, los libros pintados tenían la respuesta.

Durante un instante estuvo tentado a pedir que se los trajeran, pero tuvo que contenerse. Eso era muy peligroso, su rendición ante la historia podía trazar el fin del imperio. La verdad había estado ante sus ojos y ahora debía recordarla: muchas ciudades antiguas habían sido presas del fuego y sus glorias se volvieron tizne cuando alguien fue capaz de unir a los enemigos que estaban marcados por el anhelo de venganza. En Teotihuacan, las viejas marcas de los incendios no se habían borrado a pesar de los siglos. Si ellos, los grandes entre los grandes, habían sido derrotados por los rivales que unieron sus fuerzas, la suerte de los mexicas no podía ser mejor. Moctezuma se encontró con los espectros de la memoria, la historia de las viejas ciudades no podía repetirse.

*

El silencio de sus aposentos era absoluto, pero allá, afuera, las desgracias se asomaban en el horizonte y los malos presagios se juntaron para aterrorizar a sus súbditos. Las lenguas de los macehuales no se quedaban quietas y sus manos buscaban los remedios en los amuletos que les ofrecían los brujos de peor calaña. Los ojos de venado, los colibrís disecados y las hierbas trenzadas comenzaron a colgarse donde nadie pudiera verlas. Pero ellos no eran los únicos que tenían miedo, los sacerdotes revisaban en silencio los libros adivinatorios y los guerreros ataban en sus escudos los talismanes que tal vez podrían alejarlos de la mala muerte. Ninguno de los cadáveres de las parturientas quedó entero, todas las tumbas fueron profanadas y los funerales interrumpidos con el filo de las armas. Sus dedos y sus cabelleras eran esenciales para garantizar la victoria y ahuyentar a la descarnada.

*

Los augurios retumbaban en su cabeza. Desde que iniciaron, sus ojos los contemplaron con las pupilas secas. Los presagios se revelaron y las almas de los mexicas se retorcieron ante su presencia. Pero aquellos horrores no eran lo único que lo atormentaba, a sus oídos también llegó el rumor que explicaba la causa de las desgracias: los incontables corazones y las escalinatas ensangrentadas no podían ocultar que la soberbia de Moctezuma ofendía a los dioses. Sus enemigos y los traidores, al igual que los miserables y algunos sacerdotes, estaban seguros de que él era el único culpable. A pesar de sus victorias, los vaticinios eran terribles.

Algo de verdad había en aquellas palabras. Mientras su poder crecía y sus rivales bajaban las armas, el orgullo de Moctezuma se había esponjado como si fuera un guajolote en busca de una güila. Por esta razón, varios años antes de que el papel con los teúles se revelara ante sus ojos, él se había convencido de que la piedra en la que ataban a los prisioneros que entregarían su sangre era demasiado pequeña. Su insignificancia le molestaba, esa roca debía recordarles a todos el día en que alimentó a los dioses por vez primera.

Sus palabras fueron obedecidas y los hombres salieron a buscar una nueva. La hallaron cerca de Aculco. Cientos de macehuales fueron enviados para arrastrarla hasta Tenochtitlan. Sus esfuerzos no llegaron muy lejos. Por más que lo intentaron, no les quedó más remedio que aceptar la derrota. En ese instante comenzaron los malos agüeros. A los oídos de Moctezuma llegó la versión de que la piedra los maldijo por su soberbia.

La roca sólo ansiaba vencer a los mexicas para mostrarles la desgracia que pronto los alcanzaría.

Moctezuma no aceptó las excusas ni los ruegos y envió más hombres para lograr su cometido. Las cuerdas se entrelazaron para obligarla a seguir adelante pero, cuando cruzaban un puente, un derrumbe detuvo sus pasos. La roca se ahogó en el río y nadie pudo rescatarla. La profecía era inobjetable: los dioses anunciaban su asco ante los corazones que les ofrecían los mexicas.

*

La historia de la piedra hundida se convirtió en tabú, pero las lenguas no se quedaron quietas y se desbocaron sin que Moctezuma las pudiera contener. Los presagios apenas comenzaban y un nuevo augurio se reveló ante los mexicas: en las noches, los cielos se aclararon hasta que las estrellas dejaron de brillar. Una luz brotó del horizonte y sus rayos trazaron una inmensa pirámide. Los sacerdotes y los adivinos revisaron los libros pintados, pero su respuesta fue condenada al silencio. La presencia de Yólotl era suficiente para que sus labios se fruncieran.

Tras escuchar las voces temerosas, Moctezuma se encontró con Nezahualpilli. A pesar de la desconfianza, él era el único que podía descifrar el prodigio. Ambos sabían que los dioses no mentían, pero el Tlatoani estaba seguro de que las armas podían cambiar el destino. La conversación ocurrió en secreto. Valía más que así fuera para evitar los murmullos. Nadie sabe si el Señor de Texcoco mintió, pero su voz se convirtió en la certeza de lo siniestro. La luz en el cielo era un anuncio preciso: Quetzalcóatl volvería para anunciar el fin de los tiempos. Sus dichos quedaron proscritos y el espanto penetró en el cuerpo de Moctezuma.

*

Las desgracias no terminaron con aquel augurio. El templo de Huitzilopochtli ardió una noche sin que nadie le prendiera fuego. Sus llamas despertaron a todos y las ollas llenas de agua trataron de ahogarlo. De nada sirvieron, la humedad sólo alimentaba las flamas. El dios tutelar daba la espalda a los mexicas. Ellos estaban abandonados a la peor de las suertes, Nezahualpilli tenía razón.

Desde ese día, los rumores se hicieron más fuertes. Las casas de los dioses estaban en peligro y los hombres apenas podían rogar para que los males nunca llegaran. Sus plegarias no fueron escuchadas, en Tzonmolco, un rayo cayó sobre el templo sin que en los cielos se observaran nubes. Nada quedó de él y sus tizones tardaron mucho en dejar de humear.

Los dioses abandonaban a los mexicas, y sus enemigos, cuando se enteraron de los augurios, comenzaron a paladear las desgracias. Aquí y allá, los presagios se transformaban en encuentros casi secretos, en flechas almacenadas y obsidianas lascadas para descubrir los filos que vengarían las afrentas.

*

Las almas de los mexicas aún no terminaban de serenarse cuando una estrella humeante se mostró en los cielos de Tenochtitlan. El horror regresaba y Moctezuma tuvo que volver a encontrarse con Nezahualpilli.

Esta vez, con el amargo sabor de la venganza, Nezahualpilli dijo:

—Has de saber que todos los augurios caen sobre nuestros reinos. Tu ciudad y la mía vivirán cosas espantosas. En nuestras tierras y señoríos ocurrirán grandes calamidades y desventuras. Aunque tú no lo quieras, los amos del universo ya decidieron el futuro: no quedará cosa con cosa, habrá innumerables muertes y todo se perderá en nuestros reinos. Y todo esto será permitido por los señores de las alturas, por los amos del día y de la noche, por los dioses de la tierra, de las aguas, del fuego y del aire. Compréndelo y acéptalo con resignación: tú serás testigo de la desgracia, habrás de ver los horrores que en tu tiempo habrán de suceder.

Moctezuma no respondió, apenas apretó su brazo mientras trataba de contenerse. El anuncio del fin del mundo quemaba sus almas. No podía dudar que el tiempo se agotaría y el Quinto Sol moriría por los terremotos, así lo decían los libros sagrados; pero él no podía rendirse. Él alimentaba a los dioses y el universo giraba en torno a Tenochtitlan.

Las palabras del Señor de Texcoco lo hirieron sin misericordia. Nezahualpilli se portaba como un macehual y pensaba como el más burdo de los hechiceros. El hombre de sabiduría había muerto. Moctezuma estaba solo, tenso por la furia que se adueñaba de sus almas. Era cierto que los presagios se mostraban desde hacía varios años, pero también podría ser verdad que sus intérpretes estuvieran equivocados y sus voces mostraran los deseos de los enemigos y los traidores.

Nezahualpilli no permaneció mucho tiempo en Tenochtitlan. Su presencia era peligrosa, su mala sombra podía envenenar a los que aún tenían bravura en el cuerpo. Moctezuma no salió de sus aposentos para despedirlo. Las habladurías eran peligrosas.

*

Durante un tiempo los dioses dejaron de asfixiarlo. Las victorias en el campo de batalla y los corazones en los templos restablecieron la confianza. Muchos de los traidores que habían tratado de unirse en contra de Tenochtitlan se encontraron con el Descarnado. Nezahualpilli estaba equivocado, las armas de los mexicas eran invencibles. No faltaba mucho para que la piedra hundida, los adoratorios incendiados y las luces del cielo perdieran su fuerza y se convirtieran en vestigio que apenas se notaría en las entrañas de los enemigos. Moctezuma sabía que la gente no tiene memoria, el festejo del triunfo y una jícara con pulque eran suficientes para que los malos augurios salieran de la cabeza de sus súbditos. Sin embargo, el mal no había sido destruido, sólo esperaba su momento para lanzarse contra sus víctimas. Y así lo hizo: las aguas del lago se hicieron espuma y los gritos brotaron de las gargantas; pero ahí no se detuvieron las desgracias: sin que lloviera, las aguas se desbordaron hasta desmoronar las casas que se encontraban en la ribera.

Moctezuma no pudo dar una explicación convincente. El mal no era de este mundo. Los sacerdotes pronunciaron las palabras de la desgracia y Nezahualpilli las confirmó como un coro ululante. Cuando la inundación terminó, los albinos y los jorobados que estaban en su zoológico dejaron de verlo, mientras que los deformes y los enanos que lo alegraban con sus cabriolas desparecieron de sus comidas. El Tlatoani estaba lejos de todos y su aislamiento se hizo más grande cuando el llanto de la Cihuacóatl comenzó a escucharse en los barrios. Las desgarradas palabras de la llorona lo llenaban todo y ensombrecían la oscuridad. La gente dejó de adentrarse en la noche, ni siquiera los borrachos y los maleantes se atrevían a salir a la calle. La huesuda estaba suelta y nadie quería toparse con su lengua de pedernal.

Cuando las nubes parecían apoderarse del firmamento, un nuevo presagio las convirtió en la negrura perfecta. Los cazadores atraparon una garza que de inmediato fue llevada al palacio. En su cabeza estaba hundido un espejo oscuro donde se veían el cielo y las estrellas. Los que lo vieron, cuentan que Moctezuma fijó la mirada en su lisura, y ahí, como salidos de la nada, comenzaron a dibujarse los hombres ataviados como guerreros. Ellos montaban venados inmensos y a su paso sólo quedaban la muerte y la desolación. De inmediato llamó a sus sacerdotes y adivinos. Nada tardaron en llegar, pero cuando sus ojos se adentraron en la obsidiana, las figuras ya no estaban. Ellos nunca podrían verlas, las imágenes sólo tenían un destinatario que pronto se enfrentaría con la desgracia.

*

Durante muchos meses, el sol fue oscuro para Moctezuma, los augurios estrangulaban las almas de sus súbitos y la distancia con Nezahualpilli cada día era más grande. El Señor de Texcoco jamás lo perdonaría. Sin embargo, la suerte terminó sonriéndole pocos años antes de que los hombres acorazados derrotaran a los chontales, las ruedas del tiempo se detuvieron para el texcocano que lo habían apoyado para llegar al trono.

II

Moctezuma se postró ante el cadáver del viejo soberano. Largo fue su hablar y él mismo les arrancó el corazón a los cautivos que lo acompañarían en su viaje al inframundo. Delante de todos, el Tlatoani estaba desconsolado, pero Ixtlilxóchitl sabía que era una farsa. El Señor de Tenochtitlan era peor que las plañideras que se jalaban los cabellos y se arañaban el rostro. Poco antes de que el Descarnado lo abrazara, su padre le había revelado la verdad: Moctezuma jamás permitiría que él ocupara el trono de Texcoco. Así, cuando los grandes señores se reunieron para decidir el futuro del reino, el enfrentamiento se inició sin miramientos.

—Mi padre no está muerto —dijo Ixtlilxóchitl a los ancianos—. Mientras nadie ocupe su trono, él sigue con nosotros y nos obliga a obedecer sus mandatos.

—¿Y qué nos ordena? —preguntó Yólotl con sorna.

—Algo simple, que Texcoco siga existiendo y su rey no sea un juguete.

—Todos estamos de acuerdo con eso —replicó el viejo guerrero.

Ixtlilxóchitl se levantó. La furia lo poseía.

—No, no todos estamos de acuerdo, tu amo quiere imponer al soberano.

—Mientes, él ni siquiera está aquí y mi voz apenas se escucha —respondió Yólotl tratando de contenerse.

—Moctezuma quiere que Cacama se siente en el trono de Texcoco.

—Mientes. Mi Señor sólo quiere que la sangre real permanezca, tú y tu hermano tienen los mismos derechos. Si te atreves a arrebatárselos, estarás torciendo lo mandado por los dioses, y si llegas al trono sin el apoyo de todos serás maldito. La única manera en que podrías permanecer es uniéndote a nuestros enemigos, pero eso también sería traicionar a tu padre.

Los consejeros los obligaron a tranquilizarse. Valía más que la reunión se pospusiera. Ixtlilxóchitl y Yólotl no tuvieron más remedio que aceptar.

*

Las sombras eran las aliadas del enviado de Moctezuma. Mientras Ixtlilxóchitl se reunía con los pocos fieles que le quedaban, Yólotl se transformó en el nahual y la lengua que todo lo concede. Los indecisos tenían un precio y él podía pagarlo, los tesoros del soberano de Tenochtitlan sobraban para comprarlos. Cuando llegó el momento de elegir, las palabras de Nezahualpilli fueron olvidadas y las manos respaldaron a Cacama.

Durante unos pocos días, Ixtlilxóchitl fingió resignación, pero una mañana desapareció. Aunque nadie lo decía, todos sabían a dónde se había ido: se refugiaba en los montes de Metztitlán. Ahí estaban sus partidarios y pronto comenzó a levantar un ejército que avanzaría en contra de su hermano. Sus palabras eran pocas y precisas: *Cacama es lo mismo que Moctezuma, el reino de Moctezuma es el fin de Texcoco.*

El llamado de Ixtlilxóchitl no sólo fue escuchado por sus fieles, los enemigos del Tlatoani también lo hicieron suyo y sus tropas pronto comenzaron a ser apoyadas por los guerreros que venían de la Huasteca y de Atlixco, de Huejotzingo y de Tlaxcala. Incluso, sus mensajeros llegaron hasta el lejano Tehuantepec. La guerra había comenzado.

*

—Tu tiempo llegó —dijo Moctezuma.

Su voz era imperativa y cada una de sus palabras se transformó en el eco que repitieron las paredes de la sala del consejo. La discusión era imposible. A pesar de lo ocurrido, el soberano no estaba sorprendido: su rival sólo había hecho lo que esperaba. La huida a Metztitlán y las armas en alto eran previsibles. Él lo sabía, Ixtlilxóchitl jamás se inclinaría ante su presencia, los rencores de Nezahualpilli tatuaban sus almas.

Cacama no necesitaba explicaciones. Sus tropas tendrían que avanzar contra los guerreros que seguían a su hermano. La batalla no sería sencilla y su vida pendía del más delgado de los hilos, los dioses quizás estaban del lado de Ixtlilxóchitl y él apenas contaba con la benevolencia de Moctezuma. La duda asomó en su mirada sin que pudiera contenerla.

El soberano lo observó con calma. Se acercó a Cacama y lo tomó del brazo. La fuerza de su mano no era una amenaza.

—No te preocupes… Yólotl y los suyos estarán a tu lado.

Las palabras del Tlatoani casi eran un alivio, el todopoderoso no lo dejaría solo y la suerte le sonreiría. El cuerpo de su hermano debía quedar en el campo de batalla y sus hombres más bravos, alimentar a los amos del universo.

*

Las tropas partieron y los dioses las abandonaron. Los cuerpos destrozados en las batallas no le dieron la victoria. Por cada guerrero de Ixtlilxóchitl que caía, aparecían diez más. Su hermano había conseguido lo que parecía imposible, los enemigos de Moctezuma casi estaban unidos. Una voz bastó para que trataran de repetir las historias de las ciudades quemadas.

Los antiguos libros tenían razón: el deseo de venganza fortificaba la alianza contra los mexicas.

Tras varios días de combate, Cacama tuvo que retirarse a Tenochtitlan con la derrota a cuestas. La vergüenza le ardía, las ansias de lograr la victoria se habían vuelto en su contra. Jamás había desobedecido al Tlatoani, pero sus deseos de mostrarse más grande lo habían llevado al fracaso, los guerreros mexicas no pudieron alcanzarlo y la ausencia de sus armas fue definitiva.

Ixtlilxóchitl siguió avanzando sin que nadie se le opusiera. Al llegar a Otumba, sus tropas se detuvieron, había que esperar un poco antes de iniciar la batalla definitiva.

*

En el palacio, la reunión transcurría tensa. Cacama sentía que la furia del soberano estaba a punto de tocarlo. Una palabra bastaría para que se convirtiera en alimento de los zopilotes. A su lado estaba Yólotl dispuesto a echarle en cara su avance precipitado y junto a él se encontraba Cuitláhuac, el único hermano al que Moctezuma le tenía confianza.

Durante un rato el Tlatoani los dejó hablar y así siguió hasta que las recriminaciones lo hartaron. De nueva cuenta, había sucedido lo esperado: Cacama era demasiado brioso y su hermano calculaba cada uno de sus movimientos.

—Están enfermos por la derrota —dijo.

Los tres hombres bajaron la mirada.

—Así es, así tiene que ser... la derrota nos duele a todos, pero eso ya no importa —murmuró Moctezuma.

—Nuestros hombres... —dijo Cuitláhuac.

—Nuestros hombres no participarán en más batallas, ellos sólo acompañarán a Cacama para que no quede duda de nuestra alianza. En el fondo, Ixtlilxóchitl no es tan peligroso... seguramente traicionará a los que lo siguen... eso será suficiente para derrotarlo —respondió el soberano.

—Pero... —murmuró Cacama.

Moctezuma sonrió. Su mueca estaba perfectamente calculada, quería castigarlo, pero no sobajarlo.

—Tu hermano tiene un precio. Piensa en él... todo lo que dice de mí y de ti no vale nada. Si nuestros enemigos lo apoyan no es porque tenga razón, sólo me odian y son capaces de unirse a cualquiera para luchar en mi contra. Date cuenta... Ixtlilxóchitl quiere riquezas y honores. El poder no le importa...

—Puede ser —respondió Cacama.

—No puede ser... es. Y tú tendrás que pagarle.

Cacama se movió inquieto.

—Una tercera parte de los tributos de Texcoco serán para él.

—Es mucho —replicó Cacama.

—Texcoco vale más que eso. Cuitláhuac irá a Otumba a negociar... tú te quedarás a mi lado hasta que regrese.

*

Los días se volvieron lentos para Cacama. Los mensajeros iban y venían de Otumba sin decirle nada. Moctezuma no lo había repudiado y se comportaba como si nada pasara, más de una vez lo invitó a verlo comer y juntos sonrieron por las cabriolas de los jorobados y los enanos que regresaron al comedor tras la muerte de Nezahualpilli.

Así pasó el tiempo, hasta que una noche el Tlatoani lo llamó a la sala del consejo. Sekjä lo acompañaba y Cacama no se atrevió a preguntarle por el ánimo del soberano.

Entró a la sala. Ahí estaban Cuitláhuac y Yólotl.

Moctezuma señaló una estera.

—Mañana volverás a Texcoco.

—Sí —respondió lacónico.

—Y mañana mismo le pagarás a Ixtlilxóchitl.

—Sí —dijo Cacama.

—Ya vendrá el tiempo en que dejarás de hacerlo.

Cacama asintió con un movimiento.

—Por favor, déjenos solos —dijo Moctezuma.

Cuitláhuac y Cacama salieron de la sala. Antes de abandonar el recinto, el hermano del Tlatoani tomó al joven por el brazo y sonrió.

—No te preocupes, todo está bien.

Moctezuma se acercó a Yólotl. El viejo guerrero comprendió sin necesidad de palabras.

—Tendrás que volver a ser mi nahual.

La mano de Yólotl acarició el cuchillo que estaba en su cintura.

—Ve con los tuyos y haz lo que tienes que hacer...

*

Yólotl partió la siguiente noche. Sus pasos sólo podían darse en la oscuridad. Avanzó como jaguar y sus ojos iluminaron las sombras. Llegó a Otumba y esperó a que las tropas de Ixtlilxóchitl cayeran en las manos de los señores del sueño. Su víctima estaba confiada, las petacas llenas de chalchihuites, plumas y joyas emborrachaban sus almas.

El viejo guerrero no logró su cometido. Los hombres de Ixtlilxóchitl lo capturaron. No hubo juicio, tampoco existió piedad. Durante muchas horas trataron de hacerlo hablar, pero ni las uñas arrancadas, las cuencas vacías o el despellejamiento lograron su cometido. No tenía caso seguir adelante, Yólotl jamás traicionaría a su amo. Así, antes de que amaneciera, lo ataron a un árbol y lo cubrieron de ramas de ocote. La resina ardió con rapidez y Yólotl se retorció sin pronunciar una palabra.

Días más tarde, los enviados de Ixtlilxóchitl llegaron a Tenochtitlan. Moctezuma los recibió y los colmó de regalos. Ninguna palabra de lo sucedido se pronunció, pero cuando el chocolate llegó a sus labios las voces brotaron con cautela.

—Gran Señor, uno de sus guerreros más cercanos trató de asesinar a Ixtlilxóchitl.

—Una desgracia... una verdadera desgracia —respondió Moctezuma—, pero ese hombre actuó sin mi permiso... los dioses son testigos de que sólo he buscado la paz. Dime quién es y su familia conocerá la muerte. El enemigo de mis amigos también es mi enemigo.

Los hombres de Ixtlilxóchitl volvieron a Otumba satisfechos después de mirar los cuerpos desollados de los hermanos y los sobrinos de Yólotl. Moctezuma tuvo que cumplir su palabra; sin embargo, cuando ellos se fueron, la negrura llegó a sus almas. Cada vez estaba más solo, Cuitláhuac y Cacama eran los únicos que permanecían a su lado. Los rehenes que vivían en el palacio también lo traicionarían, ni siquiera Sekjä le sería fiel.

Siete veces la luna cruzó el cielo antes de que el Tlatoani se dejara ver. Cuando salió de sus aposentos se veía más delgado y su mirada quemaba como el fuego que derrite el oro. En la orilla de sus uñas estaban las marcas de lo que había ocurrido, la sangre derramada era la prueba del doloroso placer que había asesinado sus penas.

*

Los grandes de Tenochtitlan guardaban silencio. Sólo Moctezuma podía iniciar la reunión. El futuro pendía de un hilo y los principales parecían impasibles.

Durante unos instantes, los miró para descifrar sus rostros y cuerpos.

Un movimiento sería suficiente para delatar el miedo, la cobardía y la traición.

Moctezuma buscaba los ojos apagados, las respiraciones que intentaran contenerse, las manos que apenas temblaran. Necesitaba esperar, la mudez estaba de su lado y ellos sentirían su fuerza como un tizón en las entrañas.

Así transcurrieron los instantes hasta que tomó la palabra.

—Todos lo sabemos —les dijo sin que su voz revelara sus sentimientos—, los teúles derrotaron a los hombres de Cintla y ya están cerca de Cempoala… no nos engañemos, desde hacía mucho sabíamos de ellos y los dioses nos confirmaron su presencia… La guerra es inevitable.

Las bocas de los principales siguieron mudas.

Ninguno se atrevió a decir una palabra que pudiera contrariar a Moctezuma.

El Tlatoani aguardó un momento. Cada uno de sus movimientos parecía dar tiempo para que los principales pudieran pensar.

—Los escucho…

La voz del Tlatoani no podía ser desdeñada y sus ojos señalaban al interlocutor preciso.

Nadie debía hablar antes del hombre indicado.

—Los hombres de Cintla que fueron derrotados no significan nada —dijo Cuitláhuac—, ellos no se comparan con nuestros guerreros. La cobardía no cabe en nuestras almas. Avancemos a la costa, ahí los venceremos.

Las palabras de Cuitláhuac, que recién había tomado el trono de Iztapalapa, eran necesarias. A partir de ese instante ninguno de los grandes de Tenochtitlan podía negarse a la guerra so pena de parecer un cobarde.

—¿Estás seguro? —preguntó Moctezuma.

—Sí.

—Piénsalo un poco… te lo ruego, piénsalo un poco. No hay duda de que nuestros ejércitos son invencibles y que la bravura está en cada uno de nuestros guerreros. Tienes razón, la cobardía no cabe en nuestras almas… ninguno de los que están aquí puede contradecirte a menos que sea un debilucho. Sin embargo, hay algo que debemos considerar… si salimos a enfrentarlos corremos dos riesgos, las tropas de Tlaxcala, Cholula, Huejotzingo y Atlixco podrían atacarnos por la espalda mientras nos enfrentamos a los teúles, o podrían avanzar hacia Tenochtitlan, que quedaría casi indefensa.

—Aún más —intervino Cacama— el camino más rápido hacia la costa nos obligaría a enfrentarnos con nuestros enemigos y después con los teúles. Nuestras tropas nunca llegarán completas y los de Tlaxcala podrían impedir la llegada de refuerzos.

—¿Entonces? —la voz de Cuitláhuac sonó casi como una afrenta.

—Tu duda es buena —dijo Moctezuma—, pero tu corazón olvida la historia... ya hemos derrotado a muchos y cada vez que nuestros enemigos han tratado de unirse descubrimos su lado flaco. Hagamos lo que tenemos que hacer, hagamos lo que siempre hemos hecho. Nuestra gente tiene que observarlos para descubrir sus debilidades, nuestros mensajeros deben encontrarse con ellos para mostrarles nuestra fuerza... Si los teúles miraron cómo sus soldados fueron entregados a los dioses, a ellos les bastará con una muestra de poder y una invitación para irse.

—¿Y si avanzan? —volvió a preguntar Cuitláhuac.

—Eso no importa —respondió Moctezuma—, algunos no entienden a la primera. Quizá sea necesario dejarlos acercarse... aún tienen la soberbia de su victoria en Cintla y seguramente terminarán enfrentándose a nuestros enemigos... aunque no lo creas, ellos se convencerán de que los teúles son nuestros aliados, cada regalo que reciben los hace parecer lo que no son. Y, si acaso los hombres acorazados logran derrotarlos, morirán en nuestro valle.

III

A pesar de la demostración de poder, los teúles siguieron avanzando. El gran sol de oro, las joyas y las plumas que les entregaron en la costa no bastaron para que entendieran el mensaje: Moctezuma les daba la oportunidad de retirarse sin que las armas les arrancaran la vida. Los enemigos lo ignoraron y hundieron sus naves. El retorno ya era imposible. Con cada uno de sus pasos, el miedo se hacía más fuerte y entraba en las casas como si fuera lodo podrido. En los barrios de Tenochtitlan, los macehuales repetían los rumores que llegaban desde las tierras de los huaxtecos. Sus palabras transformaban a los enemigos en gigantes acorazados y sus armas convocaban al rayo y al trueno. A pesar de su hambre sin límites, los dioses se habían olvidado de los corazones y los cuerpos desollados. El Tlatoani tal vez era el responsable de lo que ocurría. En la costa, los teúles se habían unido a los enemigos de los mexicas. Los días eran terribles. El sol se apagaba sin que nadie pudiera evitarlo, la muerte lo lamía y el tiempo se agotaba.

Nezahualpilli quizás había tenido razón y sus palabras mordisqueaban el hígado a Moctezuma. En la oscuridad de sus aposentos, la voz del texcocano resonaba con la opacidad que viene del inframundo: *Tu ciudad y la mía vivirán cosas espantosas. En nuestras tierras y señoríos ocurrirán grandes calamidades y desventuras. Aunque tú no lo quieras, los amos del universo ya*

decidieron el futuro: no quedará cosa con cosa, habrá innumerables
muertes y todo se perderá en nuestros reinos.

El sueño y el deseo abandonaron a Moctezuma. La sonrisa delante de los bufones apenas era un compromiso que cumplía aunque las tortillas le supieran amargas y las salsas tuvieran el gusto del trapo. Las sombras eran las dueñas de sus espíritus, pero nunca mostró sus pesares. Sus consejeros, los grandes guerreros, los sacerdotes y Cuitláhuac no descubrieron las tinieblas en su mirada y sus palabras jamás revelaron la congoja. Ante ellos era el que tenía que ser. Los murmullos y los susurros eran lo único que perturbaba su imagen. Sekjä y los jóvenes nobles que permanecían como rehenes sabían que ya no visitaba las alcobas de sus mujeres. El cuerpo de Tayhualcan seguía sin ser tocado y las delgadísimas telas terminaron guardadas en una petaca donde las arañas merodeaban para tejer entre sus fibras.

*

Moctezuma caminaba en sus jardines y la vena de su frente no encontraba sosiego. Nadie debía mirarlo en esas condiciones, sólo Cacama seguía a su lado. El resto de los principales se había ido para atender sus asuntos después de que los recibió con premura. Los arsenales y los graneros de Tenochtitlan no podían ser olvidados, y los tributos debían cobrarse sin despertar sospechas. Cada obsidiana que llegara a Tenochtitlan mermaría el ánimo de los traidores que se sumaban a los teúles. Lo que había ocurrido en Cempoala era un aviso que no podía ser ignorado: el cacique gordo se había unido a los invasores y los pueblos cercanos lo habían seguido. A cada paso, sus fuerzas se volvían más grandes. El odio y las ansias de venganza los unían en contra de los mexicas.

Aunque la lengua le hervía, Cacama no se atrevía a romper el silencio. Moctezuma lo quería, pero eso no le permitía cuestionarlo. El Señor de Señores sólo abriría la boca cuando así lo decidiera.

Los pasos del Tlatoani iban a ninguna parte y sus ojos en nada se detenían. Así siguió, hasta que, sin una razón aparente, se quedó quieto.

—Me equivoqué... esa demostración no fue suficiente para que se dieran cuenta de nuestro poder; las desgracias nunca llegan solas... los males y el hambre tampoco estuvieron de nuestro lado —murmuró Moctezuma.

Cacama lo tomó del brazo. Necesitaba que lo sintiera cerca, que su apoyo se revelara en la mano firme.

—No hace falta... —dijo el Tlatoani, su voz sonaba agradecida, capaz de comprender el rudo amor de Cacama—. No podemos engañarnos. Tú y yo lo sabemos... los males de la costa no fueron suficientes para que la vida se les fuera por la cola, el hambre tampoco pudo derrotarlos. Los gruñidos de sus entrañas no los obligaron a equivocarse... los teúles no se treparon en sus bestias para atacar a los pueblos cercanos y robarse la comida... eso era lo que debían hacer, eso era lo que tenían que hacer.

Durante un instante, Moctezuma observó a Cacama, el fantasma de su padre no estaba en sus pupilas y las armas de Ixtlilxóchitl jamás quebrantaron su lealtad.

—Algo salió mal... ¿quién puede decirme que los palos que cruzan para invocar a su dios no los protegen de todo? —la voz de Moctezuma sonaba hueca, opaca, como si cada una de sus palabras surgiera de una caverna—. No entiendo lo que pasa, los dioses que destruyeron en nuestros templos no los castigaron. Los rayos no los fulminaron y el viento no les arrancó la carne. Alguien les advirtió lo que sucedería... tal vez por eso torturan a su dios, sólo cuando está derrotado les dice lo que ocurrirá... tú viste los dibujos, su dios es un vencido, un sacrificado que se niega a alimentar a los amos del universo...

Cacama se sintió obligado a hablar.

Moctezuma puso su mano en el hombro.

El soberano de Texcoco debía transformarse en una estatua con la lengua encadenada.

—Yo esperaba que se treparan en sus bestias para robar y los huaxtecos los atacaran. Aunque quisieran parecer amenazantes, los teúles estaban débiles, sus almas no tenían de qué agarrarse... los hombres de Cempoala pudieron acabar con ellos en una sola batalla.

—Pero tú les diste comida, les enviaste regalos —replicó Cacama.

Moctezuma casi se sorprendió con sus palabras, el Señor de Texcoco no entendía sus planes y tampoco podía vivir la tensión que se apoderaba de él. Cada jugada parecía la definitiva, cada decisión que tomaba podía terminar en una desgracia. Moctezuma no podía equivocarse. Su delgado torso se hinchó con el aire que lentamente salió de sus pulmones.

—Tenía que hacerlo... cada mazorca y cada joya eran un mensaje... sólo les mostraba mi poder y los ahuyentaba, pero ellos no comprendieron... Ésa será su desgracia... aunque no lo creas, los tlaxcaltecas terminarán ayudándonos. Los teúles no llegarán muy lejos, la muralla de Tlaxcala marcará el fin de sus vidas.

El Tlatoani siguió caminando hasta que quedó sentado frente a un ahuehuete. Las ramas eran el reflejo perfecto de sus almas, ninguna apuntaba hacia las alturas, todas se esforzaban para acariciar el suelo.

—Nuestros hombres... —dijo Cacama.

—Nuestros hombres lo pueden todo y ninguno puede dudar de sus armas, pero en este momento no harán nada, absolutamente nada... un movimiento equivocado provocaría la derrota. Los teúles seguirán adelante y tal vez convenzan a muchos, pero eso no importa. Los tlaxcaltecas harán lo que tienen que hacer... durante muchos años han estado rodeados y el hambre los ha vuelto peores. Ellos se convencerán de que los teúles son nuestros aliados y los enfrentarán... cada regalo que reciban, cada vez que yo rechace nuestro encuentro, creerán que estoy uniéndome a ellos.

Moctezuma se levantó, tomó el brazo de Cacama y se fue

sin decir una palabra. La ausencia de Yólotl le ardía en las almas. El viejo guerrero era el único que habría podido conseguir que sus planes no corrieran riesgos. La muerte de su nahual y su lengua emponzoñada lo dejaron solo, a Cuitláhuac le sobraban bríos y Cacama no tenía la maldad necesaria.

—Yólotl lo habría logrado —murmuró antes de entrar al palacio con la frente en alto.

El hombre apesadumbrado no podía mostrarse ante los cortesanos. Las sombras de sus espíritus se quedaron enredadas en las ramas del ahuehuete.

*

Los mensajeros tenían las marcas del camino. Sus pies estaban sucios, en sus torsos y sus frentes el sudor trazaba líneas y sus rostros tenían las marcas del polvo que se convirtió en lodo. Los fuelles de su pecho aún no recuperaban el ritmo y en sus ojos estaban clavados los puñales del miedo. Las malas noticias se pagaban con la vida. Sekjä no se atrevió a detenerlos para exigirles que se lavaran antes de entrar al recinto donde los esperaban Moctezuma y los principales. Las palabras de Cuitláhuac no podían ser desobedecidas.

—Los rituales no importan, que pasen de inmediato —dijo sin mirarle la cara.

La soberbia del Señor de Iztapalapa era más grande que la del Tlatoani.

Los mensajeros entraron con la mirada baja y se arrodillaron mucho antes de que sus ojos pudieran descubrir las manchas de las pieles que adornaban el trono.

—Señor, gran Señor —dijo el primero.

El Tlatoani fijó la vista en él y Cuitláhuac pronunció las palabras:

—Habla, el Señor de Señores te escucha.

—Cingapacinga fue atacada por los teúles. La ciudad ya no está en manos de Huitzilopochtli, su templo fue profanado y su sagrada imagen fue destrozada sin que los rayos cayeran sobre los enemigos.

La imagen del templo presa de un fuego que no se apagaba volvió al corazón de los consejeros. Unas cuantas palabras habían sido suficientes para que los recuerdos explicaran el presente: los dioses les estaban dando la espalda.

Una voz dura y artera espantó sus miedos.

—¿Y los guerreros? —volvió a interrogarlo el Señor de Iztapalapa.

—Muertos.

Las palabras del recién llegado provocaron un murmullo.

Moctezuma miró a sus consejeros. Ninguno podía mostrar sus pesares delante de los miserables. Un susurro permitiría que los muertos de hambre dieran gusto a sus lenguas cizañeras.

—¿Algo más? —preguntó Cuitláhuac.

—Sí, otra canoa llegó a la costa, los teúles tienen más hombres y vienen con más bestias para treparse.

Moctezuma apenas movió la mano. Los mensajeros abandonaron la sala del consejo sin dar la espalda y con la mirada baja.

—Dales algo, lo merecen —dijo a Cuitláhuac antes de levantarse del trono.

El Tlatoani no quería hablar con sus consejeros. A pesar de las palabras de su hermano, los mensajeros se encontrarían con la descarnada. Ellos, por haber escuchado el murmullo de los principales, no debían conocer la luz del día.

*

Las malas noticias no tenían freno. Unos pocos días después, Moctezuma supo que los teúles y sus aliados habían capturado a varios de sus guerreros. Los tenían enjaulados y los traidores se orinaban sobre ellos. Sus risas y burlas materializaban el odio añejo. Las palabras de los mensajeros eran funestas, los soldados mexicas serían devorados por los rivales que les negaban la posibilidad de acompañar a los dioses. El cacique gordo de Cempoala y sus seguidores sólo querían tragárselos, ésa era su venganza, su manera de adueñarse de las almas de aquéllos que alguna vez los habían derrotado.

*

La sangre de Moctezuma era amarga. Cuando la espina salió de su pantorrilla no tuvo más remedio que olisquearla. Nadie lo miraba y la punta de su lengua tocó la roja espesura. La pureza se había ido, los días de abstinencia y las noches sin sueño no habían podido purificarla. Su sabor era extraño, distinto de los cuerpos de los sacrificados que habían llegado a su boca. Sin embargo, su sangre no anunciaba hechizos ni sombras perdidas, el mal de ojo o las putrefacciones tampoco. Las maldiciones no estaban en su cuerpo.

La base del cuello le dolía, sus músculos estaban contraídos. Se movió con cuidado, el jaguar aún estaba dentro de él. Lentamente, sus dedos tocaron a los hijos de la lluvia que aún seguían en la jícara. Sus dedos sintieron la miel de maguey, y sin pensarlo se los llevó a la boca. La pegajosa dulzura no mitigó la pena que llegó de Cingapacinga, ni pudo alejar la historia de los guerreros capturados. Cuando los hongos entraron a su cuerpo, Huitzilopochtli y Tezcatlipoca se revelaron ante sus almas y le hablaron como si fueran sus hermanos. Sus palabras fueron claras: no debía encontrarse con los teúles.

La revelación no lo sorprendió. Si él se acercaba a la costa, el imperio correría el más grande de los peligros. Los enemigos al frente y a la espalda eran un riesgo que no podía tomar. Él sólo podía dar una batalla.

*

Con la revelación a cuestas, Moctezuma se levantó y salió del santuario. A unos pasos lo esperaba Cuitláhuac.

—Nuestros hombres fueron liberados, el teúl dice que quiere ser tu aliado.

Moctezuma sonrió.

—Los enemigos a veces se equivocan —dijo a su hermano mientras lo tomaba del brazo.

IV

La preocupación hundía los rostros. Los principales se tragaron sus palabras después de que escucharon a los mensajeros. Los muros del palacio todo lo oían y las paredes no eran tan gruesas para evitar que se escaparan. Moctezuma entró a la sala del consejo; sus ojos eran pedernales afilados y en su rostro se dibujaba la sonrisa de triunfo. Sus pasos eran lentos, quería que todos lo vieran, delante de ellos no estaba un soberano con el alma arrugada; ahí se encontraba el jaguar invencible, el hombre que todo lo podía, el que jamás sería derrotado.

Se sentó en el trono y se pasó la mano por la barba. Sus dedos sintieron los pelos hirsutos y se detuvieron en su bezote dorado. Guardó silencio, la teatralidad era necesaria. Los dioses le habían hablado y sus planes eran perfectos.

—Éste es el momento de las decisiones… los escucho.

La voz de Moctezuma sonaba fuerte, poderosa.

—Hablen —reiteró.

—El problema es claro —dijo Cuitláhuac—, los teúles se mueven y nosotros tenemos que decidir si los enfrentamos o los dejamos seguir adelante.

Moctezuma sonrió y asintió con un movimiento.

La violencia de Cuitláhuac era predecible, ahora sólo necesitaba atizarla. El tiempo de mostrar sus planes aún no había llegado.

—Tienes razón —dijo Moctezuma—, todos sabemos eso desde que llegaron a Cempoala... los teúles están dispuestos a la guerra y no quieren detenerse aunque los invitemos a largarse. Ustedes conocen los mensajes que les hemos enviado. Insisto, tienes razón, pero la pregunta es distinta... ¿qué haremos?

El momento de dejar libre la lengua había llegado.

—Todos sabemos lo que tenemos que hacer —dijo Cuitláhuac—, no podemos meter en nuestra casa a los que nos quieren echar. Si llegan a Tlaxcala, sus fuerzas serán más grandes y nadie podrá detenerlos. Avancemos ahora, una parte del ejército puede cuidarnos la espalda, mientras la otra acaba con los teúles. Una señal de tu mano será suficiente para que miles de escudos se lancen contra ellos.

Moctezuma lo escuchó con calma. La lisura de su frente no se quebró por la vena de la furia. Todo ocurría como él lo esperaba.

—¿Hay otras opiniones? —preguntó con calma.

Cacama levantó la mano y Moctezuma asintió con un movimiento.

—Dejémoslos acercarse, son los enviados de un rey poderoso, necesitamos entenderlos, tenemos que descubrir sus verdaderos planes.

—¿Y si entran a Tenochtitlan? —lo cuestionó Moctezuma.

—No necesariamente tienen que hacerlo, los caminos son peligrosos —la voz de Cacama sonaba segura, absolutamente confiada—. Esperemos a ver qué sucede en Tlaxcala, todo puede pasar, y quizá sólo tengamos que combatir contra unos cuantos. El viejo Xicoténcatl está ciego, pero su bravura no dejará que nadie con las armas en la mano entre a sus dominios, además está su hijo, que es tan fiero como Cuitláhuac. Ellos, tal vez sin quererlo, actuarán como nuestros aliados.

—¿En verdad crees que los tlaxcaltecas están de nuestro lado?, ¿en verdad estás seguro de que se olvidarán de los años de guerra y se lanzarán en contra de nuestros enemigos? No seas ingenuo, los tlaxcaltecas sólo esperan una oportunidad para apuñalarnos —dijo Cuitláhuac con sorna.

Cacama no se amilanó. La furia del Señor de Iztapalapa no lo hizo recular.

—Tienes razón —respondió con una calma que sorprendió a todos—, no creo que los tlaxcaltecas se vuelvan nuestros aliados, pero los dioses actúan de forma misteriosa y los hombres que se dejan llevar por la furia terminan en los despeñaderos. Yo sé lo que te digo, el recuerdo de mi derrota ante Ixtlilxóchitl todavía me persigue; yo sé que la prudencia derrota las lanzas. No podemos precipitarnos. Necesitamos paciencia, necesitamos hacernos más fuertes y esperar a que los dioses nos enseñen el camino.

Moctezuma miraba a Cacama, aunque no tenía manera de defender sus palabras, seguía aferrándose a ellas con tal de apoyarlo.

—Prudencia —dijo Moctezuma.

El silencio llegó a la sala aunque los ánimos seguían exaltados.

—Necesitamos ser prudentes… una sola derrota sería suficiente para que todos nuestros enemigos se sumen a los teúles. Ellos están esperando que nuestras armas sean vencidas para decidirse. Su miedo es nuestro aliado, el gordo de Cempoala no tiene fuerza y los muertos de hambre que están en el camino son poca cosa… ¿Qué significan dos o tres mil escudos? Nada, absolutamente nada… los nuestros son más que las estrellas. Cuitláhuac tiene razón, necesitamos enfrentarlos… sin embargo, la prudencia de Cacama no puede ser ignorada. Sus palabras no son cobardes, son cautas, y eso es importante. Sólo tenemos una oportunidad para derrotarlos, únicamente podemos librar una batalla y ninguno debe quedar vivo.

—¿Y mientras esperamos? —lo cuestionó Cuitláhuac antes de que los susurros se adueñaran de la sala.

—Siempre hay otras maneras de herirlos… la oscuridad también es nuestra aliada.

El corredor estaba solo. La imagen de Sekjä apenas se advertía en la lejanía. Moctezuma y Cuitláhuac avanzaban en silencio. Después de lo ocurrido en la sala de consejo, ninguno tenía el coraje suficiente para acercarse a ellos.

—¿Estás en mi contra? —preguntó Cuitláhuac.

Moctezuma se detuvo y lo tomó del brazo.

—Jamás —dijo.

La seguridad de sus palabras no podía ser puesta en duda.

—Entonces…

—Te pido que esperes.

Cuitláhuac intentó hablar, pero Moctezuma lo detuvo. Por primera vez en su vida, el Amo de Iztapalapa sintió la caricia de su hermano. La mano no podía mentirle, su aspereza no era capaz de ocultar lo que sentía.

—No me obligues a suplicarte… yo sé lo que estoy haciendo.

Cuitláhuac asintió y sonrió con amargura.

—Perdóname, dudé.

—No tengo nada que perdonar, la bravura te domina y eso es comprensible. Tú eres mi mano armada… cuando llegue el momento, la sangre de los teúles teñirá tu cuerpo.

Moctezuma sonrió. No necesitaba hacer otra cosa. A pesar de las dudas, todo estaba claro para su hermano, había que esperar.

*

La noche era oscura. Ninguno de los astros quería mirar lo que estaba a punto de suceder. La muerte se anunciaba en las tinieblas y ni siquiera la llorona se atrevía a salir de su morada. El mal andaba libre y los buenos sueños huyeron de Tenochtitlan. Los colibrís disecados, los ojos de venado y las hierbas trenzadas que colgaban en los rincones de las casas de los macehuales se movían muy despacio, sin que el viento los tocara.

Moctezuma esperaba. La ansiedad no se mostraba en sus músculos. Las líneas que las venas trazaban en sus brazos apenas pulsaban. Para descubrir la fuerza de su torrente había que poner una mano sobre su piel. El lugar estaba oscuro, apenas unas antorchas de ocote descifraban las vetas de las piedras, mientras que el humo del copal abrazaba las vigas del techo. Los convocados de los cuatro lados del mundo estaban a punto de llegar y Sekjä les abriría el paso sin que nadie pudiera verlos. El plan del Tlatoani no podía ser conocido.

El sonido de los huaraches en el pasillo anunció su presencia. Los recién llegados no avanzaban con rapidez, la mayoría arrastraban los pasos. La juventud los había abandonado. No tenían prisa, las palabras de Moctezuma valían menos que sus poderes.

El Tlatoani no se levantó y ellos entraron. Ninguno bajó la mirada, sus labios se negaron a sentir el sabor de la tierra. El olor de la podredumbre se adueñó del lugar. Las nubes de copal nada pudieron contra la pestilencia de la carroña y el humor de los animales de la noche. La devoradora de corazones avanzaba al frente. La vieja estaba desgreñada, las guedejas de su cabeza casi eran sólidas por los coágulos que se habían ido acumulando durante años de muertes. En su boca, la negrura apenas se interrumpía por los dientes que a fuerza de limas se habían convertido en filosos colmillos. Ninguno era blanco, todos estaban manchados por el humo del tabaco y la verdosa corrupción que los carcomía. Sus ropas eran harapos y su cuerpo estaba teñido con la sangre de los zopilotes y los murciélagos. En sus brazos, los cueros viejos y flácidos colgaban como la piel de una rata añosa que pronto se convertiría en un ser de la noche.

Tras ella venían los nahuales, los que sabían soltar las serpientes y los alacranes que no pueden ser vistos por los hombres, los que duermen a la gente para que se despeñe sin que nadie pueda evitarlo, los que lastiman las pantorrillas y detienen los pasos, los que invocaban los malos aires y los que tienen la mirada que une los males. Nunca habían estado juntos, tanto poder mataría al que intentara reunirlos.

—Hagan lo que tienen que hacer —dijo Moctezuma.

La devoradora de corazones bramó y los hijos de la noche se adueñaron del universo.

Moctezuma los miraba y los dejaba seguir adelante.

—Púdranse, llénense de llagas, que sus entrañas se harten de muerte, que sus pasos se pierdan y sus sombras se diluyan.

El murmullo del Tlatoani apenas podía escucharse. Los gritos y los aullidos de los hechiceros lo llenaban todo.

Afuera, casi lejos, Sekjä se enconchaba en uno de los rincones. El deseo de tener un poco de cera para retacarse los oídos carcomía su corazón. Si una sola palabra de los hechiceros se le metía en el cuerpo, sus días estarían contados. Su miedo era terrible y sus labios jamás podrían pronunciar una palabra sobre lo que había sucedido. Una mirada de Moctezuma lanzaría a la devoradora de corazones y a los nahuales en su contra.

Los hechiceros se fueron cuando el sol amenazó con su presencia.

Sekjä los escoltó hasta que dejaron el palacio y volvió para encontrarse con Moctezuma. El lugar del mal lo esperaba y la imagen de la muerte se clavó en sus ojos. Sekjä había visto demasiado y sus almas conocerían todos los tormentos hasta que abandonaran su cuerpo, los hechiceros eran sus dueños.

*

Trece días pasaron antes de que las noticias llegaran a Tenochtitlan. En esa ocasión, Sekjä había sido advertido, nadie debía enterarse del arribo del mensajero.

—¿Siguen vivos? —preguntó el soberano.

—Sí, mi Señor, los teúles siguen vivos.

Moctezuma se pasó la mano por la barba y la lisura de su frente se fracturó con una línea.

—¿Sus pasos renguean?

—No, mi Señor, sus pasos son firmes.

—¿Se tocan el vientre?

—No, mi Señor, sus manos sólo detienen las armas.

—¿Sus ojos están perdidos?

—No, mi Señor, sus miradas están fijas en el camino.

Moctezuma se levantó del trono y caminó hacia el mensajero. El hombre no pudo gritar: la puñalada le destrozó el cuello.

Sekjä se llevó la mano a la boca.

—Mis jaguares tienen hambre —dijo Moctezuma.

Las explicaciones sobraban, Sekjä, junto con los hombres que cuidaban los jardines del palacio, se encargaría de que el cadáver tuviera el destino señalado. Él guardaría silencio y ellos no tendrían manera de saber lo que pasó, la sombra de la duda o el deseo de preguntar serían suficientes para que la línea de sus vidas se interrumpiera.

*

Al llegar a sus aposentos, Moctezuma metió las manos en la jícara. El agua quedó enrojecida. Poco a poco empezó a limpiar su puñal. Sus dedos se detenían en cada muesca y acariciaban el filo. La muerte del mensajero no le pesaba: *Hice lo que tenía que hacer, lo necesario para salvar al imperio.* Su murmullo no podía ser escuchado por nadie.

Sin que lo deseara, su rostro se reflejó en el agua. La imagen era nítida, las sombras y las manchas de los malos augurios no se mostraban en la superficie.

—Ahora lo sé y eso es lo que importa… la carne de los teúles es muy dura y sus espíritus no duermen. Pero eso puede arreglarse, donde los hechizos fallan, las obsidianas triunfan.

Entonces levantó la jícara y se bebió su contenido. La sangre del mensajero no era impura.

*

—No puedes equivocarte —dijo Moctezuma al encargado de las riquezas del palacio—. Cada vez que los teúles lleguen a un pueblo, mis mensajeros tienen que estar esperándolos para darles nuevos regalos. No tiene caso dudar de lo que dicen... creamos que están enfermos del corazón y que el oro puede curarlos. Cada vez que se encuentren con ellos, mis enviados deben pedirles que no avancen, que no entren en las tierras de los tlaxcaltecas, pues son mis enemigos... entiéndelo, ni el oro ni las palabras pueden faltar.

—Sí, mi Señor, así se hará.

El encargado de las riquezas de palacio estaba incómodo. Las manos sudorosas no podían ocultarse. Los gastos eran excesivos. Los tributos que llegaban de los cuatro lados del mundo no alcanzaban para mantener el equilibrio.

—No te preocupes —lo tranquilizó Moctezuma—, yo sé lo que estoy haciendo.

El cortesano asintió con un movimiento apenas visible.

—Sí, mi Señor, sus deseos nunca se equivocan.

*

Moctezuma no se equivocó. Cuando Cortés llegó a Tlaxcala sólo se encontró con los escudos dispuestos. Frente a él estaban las tropas de Xicoténcatl y los guerreros hñähñu que se unieron para enfrentarlo. Las noticias que llegaron a Tenochtitlan no podían ser puestas en duda: dos bestias de montar habían caído con el cuello desgarrado, muchos hombres de Cempoala se habían quedado tirados con las entrañas de fuera, y la sangre de más de uno de los soldados acorazados había fecundado la tierra. Sus fuerzas se empequeñecían a cada paso y el momento de la última batalla parecía acercase. El miedo se enroscaba en el cuerpo de los teúles, más de uno quería largarse, muchos temblaban en las noches y los gritos de las pesadillas eran los amos de su campamento. Su jefe sabía que ya no era posible colgar a los cobardes, la sola presencia de la cuerda provocaría que las armas se desenvainaran en su contra.

Las dudas de Cuitláhuac desparecieron, su única preocupación eran las tropas que debían estar listas para partir en el momento en que los teúles se retiraran de las tierras de Xicoténcatl. La confianza también volvió a las almas de Moctezuma. Ningún mensajero conoció la muerte y todos, en el momento en que dejaron el palacio, tenían un collar de chalchihuites.

*

La llegada de los mensajeros sólo era motivo de júbilo. Los tiempos en que Sekjä los hacía entrar a la sala del consejo sin que se cumplieran los rituales estaban olvidados. Ahora tenían que lavarse y quitarse los huaraches antes de pisar los finos petates. La mugre de su ropa no podía insultar a Moctezuma. Incluso los demonios que atormentaban los espíritus del rehén comenzaron a encontrar la paz. Los horrores que hirieron sus ojos y orejas por fin tenían sentido, las maldiciones de los hechiceros habían logrado que los planes de Moctezuma fueran perfectos. El Señor de Señores nunca se equivocaba. Así se lo dijo a su padre el día que llegó a Tenochtitlan para postrarse ante el gran Tlatoani.

Esa mañana no tenía que ser distinta. Antes de que entraran a la sala del consejo, Sekjä revisó a los mensajeros que venían de Tlaxcala. Las arrugas en las tilmas fueron tensadas, los cabellos acomodados con precisión y sus cuerpos olisqueados para asegurarse de que el sudor no llegaría a la nariz del soberano.

Entraron.

—El Señor de Señores los escucha —dijo Cuitláhuac.

—Los teúles siguen guerreando contra nuestros enemigos, la muerte se lleva a muchos.

—¿Algo más? —preguntó el Señor de Iztapalapa.

—Sólo eso gran Señor.

Cuando los mensajeros dejaron el recinto, Moctezuma se levantó de su trono. No era necesario que se quedara para comentar las noticias, los hechos hablaban solos. Con calma avanzó hacia sus jardines, a su lado estaban Cacama y Cuitláhuac.

—El tiempo de la guerra ha llegado —dijo el Señor de Iztapalapa.

—Tal vez haya que esperar un poco —respondió Moctezuma.

—No lo sé, tal vez deberíamos enviar un emisario a Tlaxcala.

—¿Para qué?

—Propongámosles una alianza... ellos nos necesitan y todos los teúles conocerán la muerte.

—No, hay que esperar... no podemos precipitarnos, el joven Xicoténcatl, el hijo del ciego, es brioso como tú y nos ayuda sin darse cuenta... si nuestros guerreros le tienden la mano, él se dará cuenta de nuestros planes.

Quinta parte

I

Después de las batallas con finales indecisos, los tlaxcaltecas bajaron las armas. Aunque el joven Xicoténcatl insistía en que acabaran con ellos, los ojos ciegos de su padre lo obligaron a contenerse.

—Esta guerra no tendrá buen final —dijo antes de que los teúles llegaran a Tlaxcala.

El joven no respondió, apenas inclinó la cabeza y se fue sin despedirse. Esa tarde, él fue una ausencia en el encuentro con los españoles. A pesar de la rabia de Xicoténcatl, el soberano tenía razón: si los combates seguían, Moctezuma sería el único vencedor. Los ejércitos diezmados no podrían oponerse a sus soldados y los mexicas se convertirían en los dueños del mundo. El viejo conocía el pasado y sabía que la historia podía repetirse, Tenochtitlan sólo sería derrotada cuando todos se volvieran uno y el hombre que mandaba a los teúles podía sumar a los rivales.

*

Cuando se reunieron, el viejo soberano sopesó las almas de don Hernán. Su lengua sentía el sabor de los guisos sin sal y sus escasas muelas se esforzaban para destrozar la carne tiesa. A pesar de la importancia del encuentro, la pobreza de

Tlaxcala no podía ser escondida. Uno de los consejeros murmuraba a su oído, cada una de sus palabras describía a los teúles y le revelaba sus movimientos, sus miradas, la forma que adquiría su pecho cuando suspiraban. El anciano se sentía tranquilo, sus ropas tejidas con fibras de maguey no eran peores que las de sus invitados. Los castellanos ya mostraban los estragos de la guerra y la marcha: muchas corazas estaban abolladas y los cueros que las sostenían tenían las mordidas del tiempo. La comida que ofreció tampoco lo hizo sentirse menos, ellos se habrían tragado cualquier cosa sin que el deseo de grasa y vino se les fuera de la boca. La miseria de Tlaxcala no podía ofenderlos y ellos tal vez ignoraban que se había iniciado cuando Moctezuma sitió su reino.

Las palabras que la mujer del barbudo le traducía eran cuidadosas, casi lo ofrecían todo sin comprometerse a nada. En esos momentos no podía exigirle más, la caída del soberano de Tenochtitlan era suficiente para aliarse.

Nada quedaba por discutir. El tlaxcalteca entregó algunas mujeres a los teúles y, en la oscuridad de su ruinoso palacio, se reunió con su hijo.

—Tú avanzarás al frente de los guerreros —dijo.

—Pero ellos son nuestros enemigos —respondió Xicoténcatl.

—Tal vez, pero tenemos que aceptar la única opción que nos queda, los rivales de los mexicas tienen que ser nuestros aliados.

—¿Y después?

—Ya veremos, la alianza tendrá que pagarse y la sal volverá a los platos. El barbudo sabe que nuestro apoyo es decisivo y eso tiene un precio.

*

Los teúles abandonaron Tlaxcala con sus tropas engrandecidas. Las largas filas que abrían los valles no tardaron en llegar a Cholula. Las noticias que llegaban a Tenochtitlan eran contradictorias, la matanza era lo único que las unía. En un solo combate, los guerreros acorazados y sus aliados habían asesinado a la mayoría de los pobladores y el fuego convertido en cenizas una buena parte de la ciudad sagrada. No quedó piedra sobre piedra y los dioses no destruyeron a los españoles y sus aliados, los palos cruzados que apuntaban al cielo tenían más fuerza que los corazones sangrantes. Las razones de la matanza no eran claras: algunos estaban convencidos de que era una venganza de los tlaxcaltecas, otros juraban que la emboscada de Moctezuma había fracasado y unos más decían que los miles de cadáveres eran una demostración de lo que sucedería en Tenochtitlan. Fuera cual fuera su causa, el miedo llegó a la capital del imperio.

Aunque Moctezuma trató de minimizar la desgracia, los grandes de Tenochtitlan no le creyeron y, cuando la gran emboscada que les habían tendido tras la matanza de Cholula había sido descubierta y esquivada por los teúles, la certeza de que los enemigos llegarían al valle se transformó en fatalidad. Todo había fracasado.

*

Los ceremoniales ya no tenían sentido. Cuitláhuac y Moctezuma estaban lejos de los filos de las pupilas, más allá de las orejas y las lenguas que bifurcaban sus puntas. Ni siquiera Sekjä se atrevió a quedarse en el corredor para adivinar los deseos del soberano. Cuando los petates cegaron la entrada, se fue para otros rumbos y los jóvenes cortesanos lo siguieron con las orejas gachas y el cuerpo encogido.

La leña que ardía en los braceros y el aroma del copal eran inútiles, las sombras no huían y el aire podía cortarse con el filo de las palabras. El lugar olía a ira contenida, a las recriminaciones que estaban a flor de piel. Pero nada de esto importaba, Moctezuma tenía que decir la verdad, su hermano aún lo veía a los ojos y quizá podía hablar con la lengua sin nudos.

—No te atragantes... las palabras también envenenan —dijo.

Cuitláhuac lo observó, necesitaba asegurarse de que Moctezuma no tenía dobleces, la furia también podía esconderse en las aguas más tranquilas.

El Tlatoani sostuvo su mirada, en sus ojos no habitaban las llamas ni los pedernales.

—Habla... te lo suplico —el ruego del soberano no era fingido.

La respiración de Cuitláhuac era densa, pesada, incapaz de llegar a los cielos. Estaba seguro de lo que sucedería. La bilis negra amargaba su boca y los gusanos de la ira se cebaban con sus entrañas.

—Te equivocaste —murmuró Cuitláhuac—, de nuevo, te equivocaste. Me diste la espalda y todos lo pagaremos.

Moctezuma asintió con un movimiento apenas notorio.

—Puede ser... —respondió.

Su voz no era poderosa, la palabra imbatible no salió de su garganta.

El todopoderoso se había largado, en su lugar estaba el hombre que deseaba arrancarse las tenazas. Cuitláhuac tenía que oírlo sin que el miedo y el poder lo subyugaran.

—¿Sabías que la emboscada fracasaría? —lo cuestionó Cuitláhuac.

La pregunta no sorprendió a Moctezuma.

—No —respondió el soberano—, los teúles siempre se movieron como yo lo esperaba, esta vez me decepcionaron... quizá nos conocen y eso es peligroso... tal vez ya pueden adivinarnos.

—Te equivocaste, yo tenía razón —reiteró Cuitláhuac.

—Tal vez... pero eso no importa, el futuro está en manos de los dioses y los hombres que todo lo pueden...

Los ojos del soberano recorrieron el lugar. La penumbra lo dominaba todo, el silencio se imponía con tanta fuerza que les ataba el hocico a los jaguares de sus jardines.

Suspiró. La larga exhalación era necesaria para seguir adelante, el camino que había emprendido no tenía retorno.

—Tú y yo no tenemos derecho al remordimiento —dijo Moctezuma—. Nuestra sangre es distinta... no podemos arrepentirnos. Si alguna vez lo hiciéramos, nuestra debilidad quedaría delante de todos... el cuchillo, los venenos, los nahuales y los hechizos nos alcanzarían sin que pudiéramos evitarlo. Tú asesinaste a tus hijos y sus fantasmas no te persiguen, yo también tengo las manos ensangrentadas y los espectros de los engendros de Axayácatl no tienen el valor de torturarme, los perros de Tízoc tampoco se aparecen en mis sueños... El día que supe cómo mataste a tus hijos me di cuenta de que debías estar a mi lado, hacías lo que tenías que hacer y les arrebataste la vida con tal de mantener el imperio... eso es lo único que importa.

Moctezuma no mentía. Cuitláhuac lo escuchaba y no tenía más remedio que asentir.

—Acepta lo que somos... —dijo el Tlatoani—. Tú y yo matamos cuando es necesario. Lo sabes bien... todos nos odian aunque sus palabras quieran mostrar lo contrario. La tierra en los labios sólo alimenta la venganza... Nosotros hacemos lo que tenemos que hacer y enfrentamos las consecuencias sin espantarnos por la muerte. No tenemos otras opciones y las alternativas se van cuando pronunciamos una orden... Entiéndelo, nunca rectificamos ni aceptamos un error... lo único que podemos hacer es volver a mandar.

—Pero todavía podemos hacer algo —dijo Cuitláhuac—, nuestros guerreros son invencibles.

—¿Y si nos derrotan?

—Tú sabes lo que pasaría, moriríamos peleando.

La voz de Cuitláhuac se escuchaba segura, absolutamente convencida.

—Entiéndeme… una derrota sería suficiente para que todos se lancen en nuestra contra… Tenochtitlan caería y no quedaría cosa con cosa —le advirtió Moctezuma sin darse cuenta de que en sus palabras ya estaba la impronta de Nezahualpilli.

—Pero si no peleamos…

—Nadie dijo que no tomaríamos las armas.

Moctezuma se levantó y caminó durante unos instantes. En su rostro, la sonrisa comenzó a dibujarse.

—Todavía podemos hacer algo, la última pieza no se ha movido.

—¿Qué haremos? —preguntó Cuitláhuac.

—Dejémoslos entrar… cuando llegue el momento preciso levantaremos los puentes y ellos terminarán atrapados como las bestias en las jaulas… en todo el universo no existen suficientes canoas para que sus aliados puedan apoyarlos. Se quedarán solos, lejos de los refuerzos que nunca llegarán… ellos no pueden vencernos, cada uno de sus pasos los acerca a la muerte, a las armas que tú tendrás en la mano.

Cuitláhuac lo miró.

—Tú también debes aceptar algo —dijo.

—¿Qué?

—Ésta es nuestra última oportunidad.

—No… ésta será la victoria definitiva —respondió Moctezuma.

El soberano tomó el brazo de su hermano, quería estar solo. A pesar de los presagios y las malas noticias, Moctezuma debía convencerse de que no estaba equivocado, ése sería el único combate. Los cadáveres que quedarían tirados en las calles de Tenochtitlan, las casas que se transformarían en hogueras y los tullidos que se arrastrarían hasta el fin de sus días no tenían ningún valor. Costara lo que costara, los enemigos serían derrotados.

*

Tenochtitlan se ensombrecía a cada paso de los teúles y sus aliados. Aunque el sol se mostrara en los cielos, la negrura se apoderó de sus calles. Las madres les cerraban el paso a sus hijos y los obligaban a quedarse, los hombres se resistían a ir a las chinampas y todos buscaban la manera de protegerse. Las afiladas navajas y las duras lanzas siempre estaban a su alcance, pero tal vez no serían suficientes; los amuletos volvieron a colgarse en las entradas de las casas y en los rincones más oscuros mientras se pronunciaban los conjuros que invocaban a los nahuales.

El mal estaba cerca y nadie podía detenerlo. Las petacas se llenaron con los granos, que eran cuidados como si fueran lágrimas de los dioses, y los chiles se secaron con el humo de los comales. La gran ratonera no sólo podía atrapar a los teúles. Las lenguas se movían sin ataduras y los murmullos infectaban el aire. Aquí y allá se susurraba que Moctezuma estaba perdido, vencido por los espíritus que salían de los rayos que vomitaban las armas de los españoles, por eso —cuando la noche se volvió impenetrable— él ordenó que los bultos sagrados de los dioses se sacaran de los templos y se ocultaran donde nadie pudiera hallarlos. Las grandes pirámides ya sólo eran un pedrerío sin sentido.

Los únicos que recorrían las calles eran los soldados: las armas debían estar listas y los arsenales dispuestos. Cuitláhuac se reunía con los guerreros y estudiaba los puntos débiles, sus ojos se detenían en los gruesos maderos de los puentes y el deseo de sangre lo obligaba a sentir su saliva. Habría una batalla y tenía que ser definitiva. Un error sería suficiente para que la vida de los mexicas tiñera los lagos. Aunque nunca se los dijo, los soldados también estaban seguros de que el destino de Tenochtitlan estaba a punto de llegar a su desenlace.

*

Los teúles siguieron avanzado, nada podía herir sus pantorrillas ni abrirles las plantas. Los hechizos no podían contra ellos. Cacama aceptó sus órdenes y salió a su encuentro. Sin dar explicaciones, Moctezuma dijo que él era el único que debía recibirlos, Cuitláhuac podía equivocarse, el odio hervía en sus venas y sus navajas estaban hambrientas. Valía más que esperara su momento. Los enemigos tenían que sentirse confiados, capaces de hacer a un lado sus armas de trueno y despojarse de sus hierros ante la posibilidad del sueño sin pesadillas. Entonces los puentes se levantarían para que las obsidianas humedecieran sus filos.

*

Los cortesanos que barrían el suelo que pisaría el enviado de Moctezuma abrían la marcha. A los lados de Cacama avanzaban algunos nobles y tras ellos seguía una escolta de guerreros. Los penachos, las pieles de jaguar y las armas que reflejaban los rayos del sol parecían incontables. Los ojos de los hombres no alcanzaban a vislumbrar al último de ellos.

Cortés los miró con una calma cuidadosa. El leve temblor que a veces se asomaba en su párpado no le jugó una mala pasada. Los pendones colorados y amarillos se extendían con el viento para sonar como los látigos, y los tambores comenzaron a redoblar mientras los enviados de Moctezuma se acercaban.

Así siguieron hasta que llegaron.

Cacama estaba frente al capitán de los teúles. Apenas los separaban unos pasos y Cortés avanzó hacia él.

—El Señor de Señores lamenta no estar aquí, se siente indispuesto y nuestras almas están apesadumbradas —dijo Cacama.

Los labios de la mujer que poseía las palabras casi rozaron el oído del teúl y la sonrisa se dibujó en su rostro.

—Pues sigamos adelante para encontrarnos con él, mis médicos pueden sanar todos los males —respondió don Hernán.

Cacama no intentó detenerlos. Allá, en Iztapalapa, Cuitláhuac los esperaba para escoltarlos durante el último tramo del camino.

Cacama observaba a los teúles. Eran hombres y sangraban, no eran muchos y sus armas tampoco parecían indestructibles. Había que seguir adelante, la trampa se cerraría y los guerreros se cubrirían de gloria.

El soberano de Texcoco casi se sentía tranquilo, sólo la distancia con Cuitláhuac lo ensombrecía, ya no tenía más remedio que reconocer su error: si las tropas mexicas hubieran avanzando, los teúles no habrían llegado tan lejos.

*

Los españoles y sus acompañantes siguieron avanzando, y después de unas pocas jornadas llegaron a Iztapalapa. Ésa era su última parada antes de entrar a Tenochtitlan. El desprecio y la ira estaban en los ojos de Cuitláhuac. La ceremonia del encuentro apenas duró lo estrictamente necesario para que la fuerza de los guerreros penetrara en los ojos de los teúles. Sus armas eran los espectros que los atormentarían. El hermano de Moctezuma apenas le habló a don Hernán, su voz sólo tenía que ser escuchada por sus hombres, por aquéllos que anhelaban la sangre de los enemigos y deseaban que sus colmillos desgarraran la carne de los que se habían atrevido a desafiarlos.

Ninguno de los habitantes se acercó a mirar a los teúles y sus aliados, Cuitláhuac les había prohibido que salieran de sus casas, sus palabras también amenazaron con la muerte a los recién paridos que se atrevieran a llorar. El silencio tenía que ser absoluto, los fantasmas y las pesadillas debían ser los únicos dueños del espacio.

Con los augurios a cuestas, los teúles y los mexicas avanzaron hacia uno de los largos puentes que atravesaban las aguas para llegar al centro del universo, a la capital del imperio que se extendía por los cuatro rumbos del mundo.

Los guerreros acorazados no podían dejar de mirar lo que les salía al paso, el puente era tan ancho que ocho caballos juntos podían cabalgar sin tocarse, y la ciudad les quemaba los ojos de tan blanca. El aire era transparente. El olor de las escalinatas ensangrentadas aún no les golpeaba la nariz y el zumbido de las moscas verdosas y gordas todavía no se adentraba en sus orejas.

Siguieron avanzando y llegaron ante la puerta fortificada. Cortés se detuvo para contemplarla. Si los puentes se levantaban, quedarían irremediablemente atrapados. Dudó en dar el siguiente paso. La tentación del cebo no era suficiente para que se adentrara en la trampa; tal vez debía exigir que Moctezuma se presentara ante él.

Poco a poco volvió el rostro, el aliento contenido de sus hombres y sus aliados lo obligó a moverse. Si se retractaba, su gloria terminaría en un orinal cuyas natas contarían la historia de aquél que tal vez lo habría podido todo.

La puerta se abrió y mil principales de Tenochtitlan avanzaron. Con un movimiento perfecto se inclinaron para que sus dedos tocaran el suelo y pudieran llevárselos a la boca. Cortés no tuvo palabras, el número de los hombres era infinito y su riqueza ahogaba a la de su rey.

Cacama y Cuitláhuac lo observaban, el poder de los mexicas lo había doblegado.

—Ellos te acompañarán —dijo Cuitláhuac.

El capitán de los teúles asintió después de escuchar a su mujer.

II

Él lo sabía, los teúles tenían que esperarlo. No había ninguna razón para apresurarse, cada instante que pasara jugaba a su favor. Cuando el sol ya se había ensañado con sus enemigos, el ruido de las escobas los obligó a mirar al frente, cientos de nobles descalzos barrían el suelo que pisaría el soberano, tras ellos venían los que colocaban los petates virginales. Los pies de Moctezuma no podían tocar la tierra, tampoco podían seguir las huellas de otros.

En el preciso instante en que el sol quedó a su espalda, el soberano de Tenochtitlan se mostró bajo un toldo de plumas verdes del que colgaban adornos de oro y plata. Los mástiles que lo sostenían estaban en las manos de los guerreros más poderosos. Sus cuerpos marcados por las cicatrices narraban la historia de sus combates; las viejas heridas eran una advertencia que revelaba el destino de sus rivales, los mexicas nunca serían derrotados.

Moctezuma avanzó con parsimonia. *Véanme, tiemblen*, decían sus movimientos. A sus lados estaban Cuitláhuac y Cacama. Sus ojos eran idénticos a los de las serpientes. Lo blanco había desaparecido y la oscuridad los cubría. El soberano era el poder invencible. La gente que estaba a los lados de la calle se hincaba y bajaba la vista. En todo el universo no había un hombre que pudiera mirar su rostro. El silencio era total, absoluto, ni siquiera un suspiro podía interrumpir sus pasos.

*

Cortés descendió de su caballo. La tentación de caracolearlo no le duró mucho, la posibilidad de que pareciera una amenaza lo disuadió antes que pudiera clavarle las espuelas. En ese momento no podía retarlo, valía más tener los pies en la tierra y dar un paso al frente. Aunque el miedo lo tensaba, trató de mantener la sonrisa que poco a poco se convirtió en un rictus. La suerte ya estaba echada: debía fingir que nada pasaba, que el desplante del soberano era poca cosa, por eso extendió los brazos y trató de abrazarlo.

Malintzin intentó detenerlo. Ese movimiento era una ofensa que no podía permitirse. El cuerpo de Moctezuma no podía ser profanado. Un rozón bastaría para ensuciarlo. Cuitláhuac y Cacama le impidieron acercarse.

Don Hernán dio un paso atrás y bajó la mirada. Más valía quedarse quieto. Una falla sería suficiente para que sus hombres murieran, lo mejor era dejarse llevar sin oponer resistencia.

Moctezuma avanzó hacia él y con una cuidadosa calma se despojó de uno de sus collares. Las conchas coloradas incendiaban la vista y las cuentas doradas, tan grandes como una nuez, las obligaban a resaltar. En silencio se lo ofreció. A pesar de las callosidades de la guerra, las manos del soberano eran delicadas. Ninguno de sus movimientos era precipitado, el sudor no estaba sus palmas y el temblor no delataba sus miedos. Cortés lo tomó con cuidado, se lo puso y agradeció con una afectadísima reverencia. Lentamente comenzó a quitarse el que tenía, los falsos brillantes destellaron y el Tlatoani se lo puso después de sopesarlo. Esas piedras podrían deslumbrar a muchos, pero sus destellos no tuvieron la fuerza para meterse en los ojos de Moctezuma.

—Vamos —dijo Cacama.

*

Los teúles se adentraron en la ciudad. En las azoteas la gente se asomó para mirarlos después de que pasó el soberano. Por más gallardía que fingieran y por más fuerte que sonaran sus tambores, los castellanos habían perdido su aura. Los soldados que venían de lejos ya no eran un grupo uniforme, las corazas de metal se alternaban con las prendas de algodón que habían conseguido en el camino, los escudos claveteados y las rodelas emplumadas se entreveraban en sus filas, muy pocas alpargatas cubrían sus pies y los huaraches de mecate trenzado estaban en su sitio; incluso las largas picas convivían con las puntas de pedernal. Algunos iban en camillas. Las heridas de la guerra y los males del cuerpo podían llevárselos en cualquier momento.

*

Los dientes de Moctezuma estaban tintos por el cacao mezclado con achiote. El agua de los dioses alimentaba su cuerpo. Sólo unos cuantos teúles fueron recibidos en el palacio. Todos estaban en silencio y así permanecerían hasta que el soberano se dignara a pronunciar una palabra.

—Yo soy de carne y hueso... soy mortal y palpable —dijo Moctezuma mientras Malintzin traducía sus palabras—. Algo de riqueza me queda... nada de ella es mía, sólo son cosas que me dejaron mis abuelos. Tú lo has visto... mi ciudad es pobre y mis hombres no quieren la guerra. Sé mi huésped, mi amigo, mi aliado.

Cortés se tardó unos instantes en responder. El discurso del soberano era extraño, sus palabras parecían mentiras y su cuerpo se movía como si fueran verdaderas.

—Gracias, Señor, su merced y yo seremos amigos —dijo.

—Que los dioses así lo quieran.

Cuando Moctezuma terminó de hablar, una joven entró al recinto.

—Es mi hija —dijo el Tlatoani.

Cortés intentó levantarse, pero el soberano lo obligó a permanecer en su sitio con una seña. Su movimiento no fue violento, pero la fuerza se mostraba en su delicadeza. Nadie, absolutamente nadie podía desafiarla.

—Es mi hija... —repitió Moctezuma— que ella se convierta en la garantía de nuestra alianza. Tú y yo seremos uno gracias a su cuerpo.

—Se llamará Isabel —respondió Cortés.

Malintzin observó a la hija del soberano y supo lo que pronto sucedería. Lo que en ese momento ocurriría no era diferente de lo que ya había ocurrido con las mujeres que los teúles habían recibido en Cintla, en las tierras de los huaxtecos y en Tlaxcala. Su hombre la penetraría hasta que su vientre pariera; después, su destino sería incierto. Cuando los mexicas fueran derrotados, ella arrastraría a su bastardo delante de los hombres que llenarían las páginas sobre las ruinas del imperio, tal vez Isabel recibiría unas tierras y sólo los dioses sabían si conservaría su nombre y su sangre. En esos momentos, apenas podía mirarse como unas piernas abiertas y un vientre fecundo. Por más noble que fuera, la nueva hembra no le dolió, la hija de Moctezuma no era dueña de las palabras.

—Vayan —dijo el soberano—, sus aposentos los esperan... la casa de mi padre tiene las puertas abiertas.

*

Los españoles entraron al palacio de Axayácatl. No hubo necesidad de que Cortés ordenara nada, el miedo estaba enquistado en sus hombres. Los pasos recorrieron los corredores y llegaron a las azoteas, los ojos buscaron los puntos débiles y no se tardaron en encontrar los lugares en donde podrían defenderse de las puntas y las piedras. Poco a poco, el viejo palacio comenzó a transformarse en la fortaleza donde los teúles rogarían a los santos para resistir el ataque de los endemoniados. Los soldados también comenzaron a palpar las paredes. Sus dedos ansiosos recorrían el enjarre para tratar de descubrir las fisuras que ocultaban los tesoros anunciados en el puente. A pesar de su avaricia, ninguno se atrevió a pegar con fuerza, los leves golpeteos les parecieron suficientes para descubrir las oquedades. El tiempo de la rapiña y el botín aún no llegaba, un error podía costarles la vida.

*

Cortés y sus hombres llegaron a sus habitaciones, las sirvientas los esperaban con la mirada baja. Las dejaron hacer sin oponer resistencia aunque las manos de las mujeres se volvieron torpes. Las hebillas y los nudos, el peso de las corazas y las perneras, y las prendas que no parecían acabarse las obligaban a buscar caminos nunca antes vistos. Por fin, los hierros abandonaron sus cuerpos y entraron a los temazcales con miedo. No los asaron y los puñales tampoco les arrancaron la vida. El vapor y las hierbas aromáticas se adueñaron de sus almas.

Ésa fue la primera vez que sus músculos se relajaron. La sensación de paz era irresistible, capaz de obligarlos a olvidar las espadas y los arcabuces. Cerraron los ojos y las imágenes de la riqueza se filtraron en sus sueños, el deseo de hidalguía les parecía poca cosa, los marquesados y los condados se aparecieron ante su mirada ciega. Ninguno intentó tocar a las mujeres, las muchas urgencias no podían ponerlos en riesgo, los falos enhiestos no debían invocar la muerte.

*

Malintzin también estaba en sus aposentos. Se dejó llevar y permitió que las manos limpiaran su cuerpo. El vapor que nacía de las piedras enrojecidas y la frescura del agua virgen la recorrían para devolverle la limpieza que había perdido en los caminos. Los cadáveres que se habían quedado tirados en

217

Cholula, el recuerdo de las mujeres muertas tras violaciones incontables y las noches con el miedo a cuestas se diluyeron sin que pudiera oponer resistencia.

Durante un instante recordó el momento en que deseó las hierbas que purificarían su cuerpo después de que fuera profanado por los chontales. Ellos la compraron cuando apenas había dejado de ser una niña. Malintzin era su propiedad, su juguete, la rajada que podía penetrarse sin humedades ni culpas. Aquella imagen no llegó muy lejos, y lo mismo ocurrió con el sonido que provocaba la panza de su segundo dueño cuando se estrellaba contra su carne. Durante muchos años, ella había sido nada, menos que nada. Sólo era una muerta de hambre que apenas se atrevía a sobrevivir. Sin embargo, tras la derrota de Cintla, su vida cambió: fue entregada a los teúles junto con otras mujeres. Aquella vez tuvo suerte, don Hernán no la obsequió a la soldadesca que la penetraría hasta morir. Tuvo suerte, el barbudo pagaba sus compromisos con carne, por eso la entregó a uno de sus hombres más cercanos. La marca que aquel español dejó en su cuerpo tampoco tuvo la fuerza para convertirse en un imperativo. No pasó mucho tiempo antes de que Cortés la recuperara: ella era su voz, su lengua, su mujer.

Cuando volvió a su habitación, sobre la estera más grande estaban sus ropas nuevas; el recuerdo de las telas apenas labradas la obligó a detenerse. Ya no era una miserable. Sus manos comenzaron a recorrerlas y se perdieron entre los hilos y las joyas. La mujer que nada valía estaba muerta y su cadáver había quedado olvidado en las tierras lejanas. Ahora era la doña, la dueña de las palabras, la mujer ante la que todos debían inclinarse. Delante de ella nadie se atrevería a pronunciar las letras fatales, *puta* era apenas un murmullo que no quebraba sus sueños.

Esa noche, el lecho de Malintzin se transformó en la soledad infinita. Su hombre estaba en otro lugar y la hija de Moctezuma apretaba las mantas para resistir sus embestidas. Él hacía lo que tenía que hacer y nadie podía oponerse. El ahogado quejido no sería escuchado por nadie, y si acaso llegaba a las orejas de algunos, aquéllos que lo oyeran sólo sonreirían: *el capitán se divierte*, diría uno; *la alianza se consuma*, murmuraría otro. Sin embargo, para Cortés, las piernas abiertas eran la primera derrota del Señor de Señores. Él se la cogía mientras imaginaba que jodía a Moctezuma. Cuando terminó de moverse, se levantó sin mirarle el rostro, la mancha colorada que interrumpía la blancura de la manta era la señal que buscaba.

*

Los días en Tenochtitlan transcurrían marcados por la contradicción, la curiosidad por los teúles se entrelazaba con el odio y las buenas maneras de Moctezuma se unían con los deseos de muerte. Aunque sus ojos se ensombrecían, ninguno de los hombres acorazados se atrevió a tratar de detener los puñales de los sacerdotes. Las enrojecidas escalinatas del gran templo, el largo tzompantli y los cuerpos troceados los obligaban a mirar hacia otro lado. El tiempo de derrumbar los ídolos aún no llegaba. En el muro de los cráneos, la cabeza casi descarnada de uno de sus caballos se convirtió en la profecía que convocaba las pesadillas. Cada picotazo de los cuervos que hurgaban sus cuencas era idéntico a las cartas que leían las gitanas. La sangre y las fauces de los mexicas estaban más allá de lo que podían resistir. Para ellos era mejor aceptar que los hombres que los guiaban los llevaran a otros lugares: el mercado de Tlatelolco, las calles de los barrios, los talleres de los orfebres y las chinampas que hacían crecer el territorio de la ciudad.

No pasó mucho tiempo antes de que las precauciones comenzaran a parecerles excesivas, Moctezuma y sus hombres quizá no tramaban nada contra ellos. Por eso, cuando la paz ya estaba bien adentro de sus almas, muchos aceptaron las órdenes de su capitán sin poner reparos. Debían abandonar Tenochtitlan para explorar los alrededores, sus ojos debían contemplar los criaderos de oro y plata, los caminos que llevaban a todas partes, las cosechas que les matarían el hambre. Había que ver, había que descubrir a todos los enemigos del Tlatoani, ellos se sumarían a la línea de sus escudos en el momento preciso.

Ninguno de los mexicas detuvo sus pasos. El soberano tampoco se opuso a sus deseos; Cuitláhuac sólo los miraba y las obsidianas de sus armas se alegraban.

*

Moctezuma observaba a Cortés con descaro. Sus encuentros eran cotidianos y las reuniones con los nobles de Tenochtitlan quedaron subordinadas a sus pláticas. Con el paso de los días, el recién llegado se movía con más confianza, aunque nunca caía en las trampas: las jícaras de pulque apenas conocieron la caricia de sus labios, los hongos cubiertos con miel de maguey fueron rechazados bajo el amparo del Crucificado y las preguntas que ocultaban sus fines se evadieron sin que el rubor manchara su rostro.

El Tlatoani tenía que entenderlo, necesitaba desnudar sus almas, pero ellas desaparecían sin que pudiera atraparlas. Cortés no tenía la lengua florida, pero sus maneras eran las de alguien que podía mentir y ocultarse sin sentir vergüenza. Así hubieran seguido, jugando al cazador y su presa, a las miradas que hechizan y matan con una sonrisa; sin embargo, el silencio no podía ser eterno.

—Y los hombres que te acompañan… ¿quiénes son?, ¿son tus esclavos?, ¿son tus vasallos? —la voz de Moctezuma se escuchaba curiosa.

Malintzin tradujo sus palabras y el capitán de los teúles sonrió. La trampa del soberano fue descubierta de nueva cuenta.

—Ninguno es esclavo, ninguno es mi vasallo, todos son mis amigos y compañeros —respondió Cortés con una sonrisa.

—¿No tienen diferencias?

—¿Por qué lo preguntas?

—Para no ofenderlos y darle a cada uno el regalo que merece.

—Todos somos iguales —respondió Cortés.

Moctezuma comprendió sus palabras. No importaba que le mintiera. Sus hombres los miraban para descubrir las jerarquías, por más que su enemigo dijera que todos eran iguales, las diferencias eran muy grandes y sabría aprovecharlas, un poco de oro de más a la persona indicada sería suficiente para que la envidia se convirtiera en su aliada.

*

Todos sabían dónde estaba don Hernán. La noche había llegado y él jadeaba sobre el cuerpo de la hija de Moctezuma. Ellos estaban solos, necesitaban hablar. La decisión final no podía posponerse.

—Ya es tiempo —dijo Cuitláhuac.

Cacama lo observó. Su puño casi era blanco. La sangre contenida anunciaba la ira.

—Todavía no —respondió el soberano.

Un dejo de molestia se revelaba en sus palabras, el ímpetu de su hermano tenía que contenerse.

—Tal vez Cuitláhuac tiene razón —intervino Cacama midiendo sus palabras.

—¿Tú también? —preguntó Moctezuma.

La sorna del soberano latigueó a su interlocutor. Por primera vez, el Señor de Texcoco se atrevía a desafiarlo.

—No estoy en contra de tus planes, pero el tiempo es nuestro enemigo.

—Éste es un buen momento —dijo Cuitláhuac—, muchos de los teúles están fuera y los que quedan no tardarían en ser derrotados.

—Eso es lo que me preocupa… los que están fuera también pueden levantar miles de escudos.

—¿Y qué importa? Iremos por ellos.

—Y después...

—Los dioses se comerán sus corazones.

Moctezuma sonrió con amargura.

—No te das cuenta de lo que pasa —dijo a su hermano—. Vendrán nuevas canoas y las playas se llenarán con miles. Necesitamos acabar con los teúles, pero también necesitamos derrotar a sus aliados... sólo así lograremos que nunca vuelvan...

—Pero otros se están adelantando —murmuró Cuitláhuac.

Durante un instante la sorpresa se adueñó del rostro del soberano.

—¿Quiénes? —preguntó Moctezuma.

—Coatlpopoca y sus hombres mataron a algunos en las tierras de los huaxtecos.

—Eso es perfecto —replicó Moctezuma—, los teúles pensarán que sus aliados los están abandonando.

—¿Entonces?

—Esperemos... esperemos un poco más.

Esa vez, Cuitláhuac salió del recinto sin despedirse, tampoco se inclinó y sus dedos se negaron a tocar el suelo.

*

El cazador y la presa se encontraron. La sonrisa no estaba en el rostro del capitán de los teúles y su mano se enroscaba en el mango de su espada.

—Me traicionaste —dijo con palabras de lumbre.

Malintzin se detuvo antes de traducir sus palabras. Los guerreros que estaban a unos cuantos pasos podían acabar con ellos.

—Me traicionaste —repitió Cortés con ansias de que el miedo se le saliera del pecho.

Moctezuma lo observaba sin perder la compostura.

—Yo no traiciono a mis amigos —su voz casi sonaba dura.

—Tus guerreros asesinaron a mis hombres.

—Eso es mentira... Coatlpopoca actuó sin obedecerme.

—También se traiciona por omisión.

—Coatlpopoca morirá frente a ti.

—Eso no basta… ¿cómo sé que tus hombres no nos atacarán cuando les demos la espalda?

—Tienes mi palabra.

—Las palabras de los traidores no valen nada.

—Yo no soy un traidor.

—No lo sé, pero ya eres mi prisionero.

Los guerreros que custodiaban a Moctezuma trataron de avanzar, pero los detuvo con un movimiento de su mano.

—Seré tu invitado —dijo el soberano y se levantó para acompañarlo.

Esas palabras eran el último asidero del hombre que alguna vez lo había podido todo.

III

Moctezuma ya sólo podía fingir. Aunque nadie detenía sus pasos y sus actividades parecían las mismas, el cautivo no era capaz de ocultar que estaba en poder de los teúles. A su lado siempre se encontraba uno de ellos. Inexorablemente, la mano blanca y velluda del custodio acariciaba una empuñadura. Esos movimientos eran suficientes para disuadir a cualquiera, la vida del soberano valía demasiado y ninguno de sus guerreros se atrevería a intentar un movimiento en falso. Todos conocían lo que había pasado, las palabras de los hombres que habían atestiguado su captura se metieron por todos lados. Las viejas entrometidas las repetían a sus vecinas, los soldados las murmuraban con vergüenza y los nobles las pronunciaban con la certeza de la derrota. Nunca antes un Tlatoani había sido capturado, ni siquiera el cuilloni de Tízoc había padecido esa afrenta. Sin embargo, cuando todos lo miraban, Moctezuma conversaba como si nada sucediera y retaba a sus captores a derribar figuras con las pelotas que hacían rodar por el suelo. Todos veían cómo jugaban y cómo dejaba que Cortés hiciera trampa. En esos momentos sonreía con descaro y regalaba joyas a los que supuestamente ganaban. Él apostaba y siempre se dejaba vencer.

Las semanas pasaban y la impostura seguía a pesar de los murmullos que corrían en los cimientos del imperio. Varias veces, Moctezuma y Cortés salieron de cacería, el soberano era diestro con la cerbatana y sus dardos le robaban la vida a los pájaros. Cada tiro le permitía recuperar sus almas, esas muertes quizá serían vistas como una advertencia de lo que podía suceder. La batalla decisiva aún no comenzaba. El teúl lo dejaba seguir y permitía que los cuerpos de las aves fueran recuperados por los sirvientes, pero cuando el soberano estaba a punto de proclamar su victoria, el estallido del arcabuz reventaba un zanate. El tronido siempre ocurría en el momento crucial y la oscuridad volvía al cuerpo del Tlatoani. Las plumas, negras y ensangrentadas, eran la revelación de su destino.

*

Nadie faltaba cuando Cortés empezó a hablar. Frente a él estaban los principales de Tenochtitlan y algunos de sus mayores aliados. A pesar de su resistencia, los señores de Texcoco, Tacuba e Iztapalapa acudieron al encuentro con los cuerpos marcados con los símbolos de la guerra. Las rayas negras en el rostro y los collares de dientes de jaguar revelaban sus ansias de sangre. Todos lo miraban. En sus ojos estaban las señales de los rumores que no paraban, sólo la venganza les devolvería la claridad que alguna vez habían tenido.

A un lado del teúl, en el trono cubierto con pieles de jaguar, se encontraba Moctezuma, su carne estaba limpia y los colores de la furia, ausentes. El soberano se acariciaba los pelos de la barba hirsuta y a ratos cubría su boca. Quería sentir su respiración, necesitaba tranquilizarse con el compás de sus exhalaciones. El ademán era cuidadoso, pero no bastaba para engañar. La flacidez se ensañaba con su cuerpo y sus ojos estaban nublados. El fuego que los alimentaba se había apagado. El Tlatoani estaba quebrado, absolutamente desgarrado por la mala fortuna y las cadenas que no se miraban. Las habladurías eran ciertas: Moctezuma era un pelele, un hombre encadenado que había perdido la ira de los nahuales.

Las palabras de don Hernán se escuchaban en la lengua de los hombres cuando Malintzin las pronunciaba. No tenía prisa. Necesitaba que su voz quedara labrada como la marca que dejan los hierros enrojecidos por la lumbre.

—Su Señor Moctezuma es un rey sabio —dijo a los nobles y a los guerreros—. Hemos hablado durante mucho tiempo y por fin se convenció de la verdad que nadie puede negar.

Lentamente, don Hernán puso la mano sobre el hombro de Moctezuma. El cuerpo del todopoderoso fue profanado sin que éste opusiera la mínima resistencia. El soberano era su perro. Las pupilas de Cuitláhuac se transformaron en pedernales y sus manos se convirtieron en puños. A pesar de su cercanía, el teúl no pudo mirarlo. Sus ojos estaban fijos en el Tlatoani que sólo volteó para perderse en la nada.

—Mi Señor —dijo Cortés con parsimonia— es el soberano más poderoso de la tierra y el gran Moctezuma ya es su vasallo. La guerra entre nosotros es imposible. El rey Carlos es el soberano de los mexicas.

El murmullo no pudo ser contenido y Cortés abandonó el recinto sin dar explicaciones. Una sola palabra sería suficiente para que muchos de los guerreros levantaran sus armas. Valía más que así fuera, era mejor que el silencio se convirtiera en la más terrible de las desolaciones. Los mexicas estaban solos, su imperio era un guajolote decapitado.

Cuando los poderosos de Tenochtitlan comenzaron a mirar hacia la puerta descubrieron el tamaño de la desgracia: Moctezuma avanzaba detrás de Cortés y sus ojos no podían ocultar lo que sucedía.

*

No fue fácil que se encontraran. Antes de que entrara a la habitación, las manos de los teúles recorrieron el cuerpo de

Cuitláhuac. Jamás lo habían deshonrado de esa manera, ni siquiera los cautivos que se entregaban a los dioses merecían ser tocados como si fueran unas putas. Ya no le quedaban armas, todas estaban a unos cuantos pasos. Ahí seguían, secas, irremediablemente sedientas de venganza.

Uno de los soldados que lo manoseaban sonrió con burla y con una seña le indicó que podía pasar.

Cuitláhuac dio un paso adelante y lo vio. Moctezuma estaba sentado en un rincón. A pesar de todo, en su rostro no se mostraba la derrota. El hombre que había estado delante de los poderosos se había esfumado para ceder su lugar al soberano.

—Ven, acércate —dijo.

Su hermano obedeció en silencio.

—¿Por qué? —preguntó Cuitláhuac en voz baja.

—Era necesario…

La queda voz de Moctezuma lo obligó a bajar los párpados. Necesitaba tranquilizarse.

—No, no lo era —murmuró.

El soberano sonrió.

—¿No entiendes lo que pasa?

—No, sólo veo la derrota —replicó Cuitláhuac.

—Ellos tienen que pensar que nos han vencido, sólo así se sentirán confiados. Finge como yo lo hago…

—No puedo.

—Sí puedes y lo harás hasta que llegue el momento.

Cuitláhuac tomó el brazo del Tlatoani.

—No sé, no sé si pueda. Cada día que pasa, los guerreros te pierden confianza.

—No importa, cuando llegue el momento de la venganza ellos también entenderán.

Cuitláhuac se levantó. Las voces de los soldados que estaban cerca le ordenaban que se fuera.

—¿Y cómo sabré cuando llegue el momento?

—Lo sabrás, los dioses nunca nos abandonan… sin mi mano el hambre les morderá las entrañas.

*

Todo comenzó con un siseo que apenas podía escucharse. Los españoles se agazapaban en las esquinas del palacio y sus rostros cambiaban. Las muecas preocupadas y las negaciones guiaban sus movimientos. Algo pasaba. Desde el día en que ese papel llegó a manos de don Hernán, las miradas de los teúles perdieron su brillo. La contención y el rumor apenas duraron: las voces alzadas y los insultos se apoderaron de sus bocas. Moctezuma los miraba. El miedo los mordisqueaba sin clemencia. Poco a poco, sus palabras comenzaron a tener sentido gracias a las revelaciones de Cuitláhuac: los enemigos de los teúles habían llegado a la costa y se preparaban para atacarlos.

*

Ahí estaban, frente a frente. Los criados de Cortés ajustaban las correas de su coraza mientras su párpado temblaba. El chirrido de la espada que se deslizaba sobre la piedra no se detenía. Su filo y su punta debían ser perfectos, absolutamente mortales. Moctezuma lo observaba con tranquilidad. No se había equivocado. Su enemigo tenía miedo aunque trataba de fingir que nada ocurría.

—Te veo preocupado… vamos a caminar a mis jardines —dijo Moctezuma mientras calculaba el efecto de sus palabras.

El teúl no respondió.

La voz del soberano de Tenochtitlan sonaba lejana y sus pensamientos trataban de prepararse para enfrentar la desgracia. En esos momentos se estaba jugando el todo por el todo.

Malintzin tuvo que tocarle la espalda para que su espíritu volviera. Repitió la pregunta y Cortés se tomó un tiempo para responder.

—No, no pasa nada… perdón, estaba distraído.

Su voz no podía fingir, sus palabras tampoco podían ocultar las sombras.

—¿Y por qué te preparas para la guerra? —volvió a preguntar Moctezuma.

Cortés necesitaba mentir, la impostura era el único clavo del que podía aferrarse.

—No, nada de eso... mis amigos llegaron y tengo que ir por ellos.

Moctezuma avanzó hacia su enemigo y se puso en cuclillas delante de él. Sus pupilas habían recuperado el fuego.

—Eso es raro... —dijo con calma.

—¿Por qué?

—Tú lo sabes... las lenguas nunca están quietas.

El soberano de Tenochtitlan cuidaba su tono. Un error podía ser desastroso.

—¿Y qué dicen? —preguntó Cortés.

—Habladurías... tonterías... La gente es muy rara y está convencida que los recién llegados son tus enemigos y vienen a hacerte la guerra.

La tensión traicionó a don Hernán.

—Eso no es cierto... ellos también sirven a mi rey.

El teúl salió de sus aposentos.

*

La desgracia mordía a Cortés. Su rebeldía ante el gobernador de Cuba, el lugar del que habían partido sus tropas, llegaba a su momento más álgido. Las armas estaban a punto de desenvainarse y el plomo que escupían los arcabuces buscaría los cuerpos para perforar los músculos y llamar a la muerte. Él lo sabía, su antiguo cabecilla no se quedaría de brazos cruzados. Diego Velázquez había enviado una armada en su contra para recuperar lo que le pertenecía por derecho: él había pagado una buena parte de la expedición, y las tierras y las riquezas eran suyas. Don Hernán lo había traicionado y sin problemas lo había enviado al mismísimo carajo después de inventarse una solución de leguleyo: sus hombres se habían reunido, habían firmado un papel y se habían proclamado libres de Velázquez. Luego de eso, sus naves se hundieron y sólo una se mantuvo a flote para conducir a sus enviados ante el soberano de España. Ellos se ocuparían de endulzarle el oído y difamar a Velázquez con tal de que Cortés se quedara al frente de la conquista y se apoderara de las riquezas. Más de uno de sus hombres conoció la horca por tratar de mantener el compromiso con el gobernador de Cuba y, al final, la mayoría cayó en sus manos gracias a la avaricia y las ansias de matarse el hambre de siglos. La gloria de esta conquista era más grande que las cruzadas y la derrota de los musulmanes en Granada. Bajo su mando, los piojos de Castilla se convertirían en los grandes señores de las Indias.

Cuando los hombres de Velázquez desembarcaron en Veracruz, Pánfilo de Narváez envió una carta a Tenochtitlan. La caligrafía que trazó el escribano fue tan cuidadosa como las palabras que contenía. Los traidores merecían una oportunidad para arrepentirse y doblegarse ante sus amos. El mensaje era claro: valía más que don Hernán se rindiera, era mejor que curvara el espinazo ante el gobernador de Cuba. Él era su señor, el teúl sólo era un subalterno, un socio menor en una empresa que estaba más allá de sus posibilidades. Una sola muestra de rebeldía sería suficiente para que los hombres de Velázquez marcharan en su contra.

Al terminar de leer el pliego, Cortés supo que la suerte estaba en su contra, ya no tenía más opción que dividir sus tropas. Tenochtitlan no podía ser abandonada y sus enemigos debían ser derrotados. Con cuidado seleccionó a los hombres que lo acompañarían a la costa, sólo los leales podrían estar a su lado. El riesgo de la traición tenía que eliminarse antes de que naciera. Los demás, los tibios y los que podían quebrarse, se quedarían al mando de Pedro de Alvarado. El apóstol Santiago no los abandonaría y sus espadas volverían con la certeza de la victoria.

Las tropas de don Hernán aún no se perdían en el horizonte cuando Cuitláhuac llegó al Palacio de Axayácatl. Nadie se atrevió a detenerlo, ninguno osó tocar su cuerpo para asegurarse de que no estaba armado. La minusvalía de los teúles era suficiente para no provocar un encontronazo. Un puente alzado sería suficiente para condenarlos a la peor de las muertes.

Cuitláhuac entró a la habitación. Ahí estaba Moctezuma. Su cuerpo se veía relajado y sus dedos se entreveraban en sus cabellos.

—¿Vienes a pedir perdón? —preguntó el soberano.

En su voz no se escuchaban la ira ni el castigo, la soberbia era su única marca.

—Te lo dije… los dioses nunca nos abandonan… ellos comen de mis manos.

Cuitláhuac bajó la mirada. Asintió y se acercó para tomar el brazo de Moctezuma.

—Perdón —dijo.

—No tienes que pedirlo… cualquiera habría dudado.

Sin decir otra palabra tomó la mano de Cuitláhuac. La caricia de Moctezuma era sincera.

—¿Ya es tiempo?

—No… todavía no.

—¿Por qué?

—En el momento en que los guerreros del teúl sean derrotados o tengan un revés nos lanzaremos sobre ellos… primero morirán los que están aquí y sus aliados les darán la espalda. Espera un poco, sólo faltan unos días…

*

A pesar de los desplantes y las grandes voces, los soldados de Cortés huían de la batalla. Conforme se acercaban a la costa, sus pies se alejaban de los caminos grandes para seguir las veredas más tortuosas. Así siguió hasta que se encontró con algunos de los hombres de Velázquez. Las armas no brillaron y las palabras se cruzaron: había una última oferta, aún podía llevarse todas sus riquezas y abandonar el intento de conquista. Nadie tenía que morir, ya bastante tenía para que él y sus descendientes jamás tuvieran que padecer la mala fortuna del trabajo. Sólo había una condición: sus soldados no podrían acompañarlo, ellos se sumarían a los hombres que comandaba Pánfilo de Narváez. Don Hernán dijo que aceptaría si Narváez se reunía con él.

El encuentro entre los españoles jamás ocurrió. Don Pánfilo lo esperó durante muchas horas hasta que la lluvia lo obligó a largarse con el alma aguada. Mientras tanto, Cortés movía sus tropas. Los papeles iban y venían, las ofertas y las contraofertas llenaban los pliegos mientras que los soldados no se encontraban. Varias veces, los enviados de Velázquez estuvieron listos para la batalla, pero la soledad fue su única enemiga.

La desesperación comenzó a roer las armaduras de los hombres de Velázquez, de nada servía que fueran más y estuvieran mejor pertrechados. La batalla se alejaba y el cansancio cada día era más duro. La selva y los males los estaban mermando: los vómitos prietos, las fiebres cuartanas y las diarreas que desgarraban las entrañas estaban a punto de vencerlos. Las nuevas tierras estaban malditas, sólo los demonios podían conquistarlas.

*

Esa noche, la fatiga se apoderó del campamento de Narváez. Los ronquidos, los quejidos ahogados y el incontrolable titiritar de las fiebres apenas podían combatir el silencio. Las bocas de los cañones estaban cubiertas, la lluvia incesante no debía humedecerlos. Ninguno pudo escuchar el crujido de la rama que se quebró, la voz de alerta jamás salió de los labios de los centinelas que cabeceaban. De pronto, el redoble de los tambores y los bramidos de los arcabuces quebraron los sueños. Muy pocos pudieron desenvainar sus armas y las mechas mojadas les impidieron usar sus trabucos. La batalla no fue larga y, cuando la derrota fue indiscutible, los hombres de Velázquez también fueron hechizados: las montañas de oro y plata, las tierras donde todo florecía y las ofertas de leones rampantes en sus escudos bastaron para que se sumaran a don Hernán. Los que insistieron en permanecer fieles no llegaron muy lejos: el cuchillo y la horca dejaron claro el destino de sus rivales.

*

La habitación estaba en penumbra. En esos momentos, las sombras eran mejores que la luz.

—¿Ya lo sabes? —la voz de Cuitláhuac estaba marcada por el ansia.

—Las malas noticias siempre son veloces —respondió Moctezuma.

El silencio se impuso, los dioses tal vez le seguían dando la espalda. La soberbia del Tlatoani había llegado demasiado lejos. En silencio, el soberano caminó hacia la entrada. Tenía que decidirse, el tiempo se agotaba. Sus ojos se detuvieron en los muros quebrados. Los golpes de los teúles los habían fracturado para buscar los tesoros de sus ancestros. Aquellos esfuerzos no fueron en vano: las joyas terminaron en los crisoles y se transformaron en toscos lingotes.

—Unos días, ya sólo faltan unos días…

La voz del soberano era dura, absolutamente inflexible. Cuitláhuac lo miró y, antes de que pudiera responderle, volvió a tomar la palabra.

—Después de la fiesta de Tóxcatl tus armas probarán la sangre. En este momento necesitamos la bendición de Tezcatlipoca.

IV

Pedro de Alvarado se miró las palmas. El brillo del sudor roía su piel y el viento frío no tenía la fuerza para secarlo. En ese momento no podía engañarse, apenas fue capaz de restregarlas sobre las eternas arrugas de su camisa. El movimiento y la plegaria que murmuró no sirvieron para nada, la humedad volvió después de unos instantes y su miedo se mantuvo firme. No había manera de enfrentarlo y tampoco podía engañarlo. La medalla del apóstol Santiago que colgaba de su cuello no podía exorcizarlo aunque la besara con devoción. El oscuro demonio del pánico era el dueño de su alma.

Se llevó la mano al pecho parar aminorar la opresión. Respiró profundamente, pero tampoco logró nada. Los hombres que se habían quedado con él apenas sobrepasaban la centena y los enemigos eran incontables. Dios lo sabía, desde el día en que don Hernán se fue para enfrentar a Narváez, el sueño también se fue de su cuerpo. Cuando sus párpados lo vencían, el más quedo de los ruidos lo obligaba a despertar para tomar su espada con el Jesús en la boca. Muchas veces se había levantado para caminar hasta la entrada del Palacio de Axayácatl. Sus ojos recorrían la oscuridad para tratar de descubrir la sombra de la muerte. Las calles solitarias eran peores que el bramido de los guerreros. El tiempo era lento y olía a cadáver, a la huesuda que los asechaba a la vuelta de una esquina y en la inmensidad de la plaza. Esas noches sólo tenían un don: las moscas verdosas y gordas no lo torturaban con su zumbido. El horror de sentir sus patas era intolerable. El frío las volvía rígidas mientras se quedaban quietas sobre la sangre coagulada que manchaba los templos y los altares del Diablo.

Aunque trataba de resistir, su cuerpo empezó a mostrar las señales del pánico, las ojeras profundas, los cabellos enmarañados y la desesperación que abría paso a los gritos de furia no podían esconderse. ¿Quién podía asegurarle que no lo habían abandonado a su suerte? Ningún mensajero llegaba de la costa y los rumores eran funestos. La mala fortuna lo alcanzaba para cobrarle sus pecados: la avaricia y la lujuria, la soberbia y la ira debían ser pagadas. Los diablos estaban a punto de atraparlo y el infierno ya estaba delante de él. Sus hombres no estaban en mejores condiciones. Ninguno dormía descalzo, las espadas y los arcabuces siempre estaban a su lado; por eso, cada vez que el insomnio lo alcanzaba, él los miraba para descubrir sus pesadillas. Los quejidos y temblores se apoderaban de sus sueños. El vaho de la muerte les acariciaba la nuca para negarles el descanso.

Moctezuma también los observaba. Su altivez estaba agazapada y la sonrisa casi boba se convirtió en la máscara perfecta. Nada parecía preocuparle y casi obedecía a sus captores. Cada una de sus invitaciones a caminar por los jardines, a salir de cacería o jugarse un poco de oro parecía una amenaza. A pesar de las ansias de riqueza que los carcomían, los teúles aceptaban de mala gana o se rehusaban mientras trataban de fingir entereza, una onza resplandeciente valía menos que el miedo de ser sorprendidos por los mexicas. Aunque quisieran negarlo, ellos también estaban presos y su vida pendía de un hilo.

*

Esa mañana salieron juntos. La plaza estaba llena y los caracoles sonaban para invocar a los dioses. Los pasos de don Pedro se volvieron lentos, sus manos estaban ansiosas. Los rostros pintados eran la amenaza perfecta. Moctezuma avanzaba y a cada paso la multitud se abría. Una sola voz sería suficiente para que las vidas de los teúles terminaran.

El Tlatoani se detuvo, miró la cúspide del templo y el cuchillo del sacerdote se clavó en el pecho del hombre. El sacerdote le arrancó el corazón y el cuerpo rodó por las escaleras. Los sacrificios continuaron y cuando el último de los cautivos cayó al pie del santuario, los tambores comenzaron a retumbar. Su sonido era grave, absolutamente perverso. Los nobles que estaban en la plaza aullaron y comenzaron a danzar. Sus movimientos se volvieron frenéticos y los bramidos se adueñaron de los cielos. El Diablo los poseía. Todos llamaban a Tezcatlipoca, todos rogaban para que el señor de la oscuridad volviera su mirada hacia Tenochtitlan.

El sudor comenzó a correr por la frente de don Pedro. Su mano derecha temblaba y sólo pudo contenerla cuando apretó el mango de su espada. El oscuro demonio volvía a morderlo. Sin darse cuenta, dio un paso atrás. El instinto lo obligaba a acercarse a sus hombres, pero no podía abandonar a Moctezuma. Tampoco podía gritar, ni era capaz de ordenar la retirada. Los dientes de los mexicas atraparon su mirada. Pronto se enterrarían en su carne y él se transformaría en mierda. Los hilos de baba que se tensaban entre los colmillos eran el augurio de la muerte. Desenvainó su estoque y se lanzó a la carga con la mirada perdida. Necesitaba matar, le urgía sentir la sangre de sus enemigos para recuperar al que había sido.

Los teúles no pudieron huir, no tuvieron más remedio que acompañarlo en la matanza. Una colorada valía más que mil descoloridas. El miedo acumulado se convirtió en desesperación. El estruendo de los arcabuces ahogó los tambores, y los gritos al cielo se convirtieron en certeza de muerte. Los tajos y las puñaladas no pudieron ser detenidos. Ninguno de los que estaban en la plaza tenía un arma para defenderse. El niño que trató de correr terminó el suelo después del golpe que le reventó la cabeza, las mujeres que se hincaban para suplicar por su vida fueron acuchilladas sin miramientos y los que trataron de enfrentarlos a golpes terminaron con la carne abierta y las entrañas expuestas. Los mexicas huyeron y sus pies aplastaron a los que cayeron.

La matanza no fue muy larga. Sobre la plaza estaban los cadáveres y los heridos. Poco a poco, el zumbido del silencio se apoderó de la ciudad. Don Pedro limpió la hoja de su espada con su camisa. Las manchas se oscurecieron con el calor de su cuerpo. Enfundó su acero y tomó el puñal que colgaba de su cinto. Sus ojos estaban extraviados. El temblor marcaba su carne. Se acercó a uno de los hombres que estaban tirados. Gritó y le encajó la daga en el ojo. El cuerpo se contrajo y el silencio comenzó a adueñarse de la plaza.

Don Pedro miró a su alrededor.

—¡Vámonos! —gritó.

Sus hombres estaban rígidos. El destino los había alcanzado.

—¡Carajo! —volvió a gritar.

Su voz por fin se impuso a la parálisis de sus hombres.

—¡Vámonos!, ¡vámonos!

No hubo necesidad de explicaciones, los teúles corrieron hacia el palacio de Axayácatl mientras jaloneaban a Moctezuma. Él era la única carta que les quedaba.

*

Los gritos se terminaron cuando entraron al palacio. No hacía falta que ninguno hablara, todos ocuparon sus puestos. En las azoteas, los arcabuces y las ballestas apuntaban hacia las calles y la entrada se convirtió en una barricada. Don Pedro se miraba las manos y trataba de limpiárselas en su camisa, pero los coágulos no las abandonaban. Palpó su cuerpo con desesperación, necesitaba saber si estaba herido. Cerró los ojos. Era indispensable serenarse, la desgracia había llegado.

—Carajo, carajo, ¡carajo! —murmuró con ganas de que el temblor desapareciera.

Poco a poco, su cuerpo recuperó el ritmo. Alvarado se alisó los cabellos y caminó hacia el lugar donde estaba Moctezuma. Sus ojos chocaron y don Pedro, casi instintivamente, tomó su puñal.

Moctezuma sonrió.

—Ustedes sólo seguirán vivos mientras yo viva —dijo.

Don Pedro envainó su arma. Cerró los ojos y golpeó la pared. El dolor lo obligó a apretarse la mano.

—¡Enciérrenlo! —ordenó a sus hombres.

Los soldados lo tomaron de los brazos y comenzaron a avanzar hacia una de las habitaciones más lejanas.

—¡Que no se quede solo! —gritó antes de que se alejaran.

Los españoles asintieron.

—Ustedes me responden con su vida si algo le pasa.

*

El silencio anunciaba la cercanía de la muerte. Las sombras de los teúles se movían aunque sus cuerpos permanecían firmes. Tenían que estar agachados, el muro que los protegía apenas se alzaba en la azotea. El sol no se detenía y los enemigos no se acercaban al palacio de Axayácatl. Al principio, los españoles estaban dispuestos a vender muy caras sus vidas: las balas y las ballestas podían llevarse a cientos antes de que los mexicas pudieran acercarse lo suficiente. El combate definitivo no ocurriría pronto, y el milagro del regreso de don Hernán aún podía manifestarse. En aquellos momentos tenían fe y las cuentas de los rosarios comenzaron a ser recorridas mientras los ojos trataban de descubrir a los enemigos en las calles vacías; pero antes de que llegara la noche, la verdad comenzó a quebrarlos. Cuando las jícaras casi vacías llegaron a sus manos, el milagro empezó a diluirse. El agua que tenían no era eterna y los bultos de maíz apenas resistirían unos pocos días.

El negro caballo del hambre los derrotaría antes de que sus enemigos dispararan una flecha.

*

Cuando llegó la oscuridad, uno de los arcabuceros que estaban en la azotea escuchó un rasguño. Se movió despacio y tuvo que esperar un instante para volverlo a oír. Afinó la mirada y lo descubrió. La silueta del ratón se recortaba en la luna. Tomó una piedra y se preparó para matarlo. Se detuvo.

—Todavía no —murmuró—, el hambre aún está lejos, todavía no tenemos que tragarnos a los ratones.

Volvió a su puesto con la sensación de asco en la boca. La arcada lo dominó durante un instante y el ácido quemó su lengua. Escupió y se recargó en el muro con miedo de alzar la cabeza. Valía más que olvidara lo que había pensado, era mejor que sus ojos se concentraron en la calle.

—¡Ahí!, ¡ahí! —dijo a sus compañeros.

Los soldados se arrastraron hacia él y comenzaron a mirar hacia el lugar que les señalaba. Las sombras comenzaron a revelarse. Uno de ellos tomó su arcabuz y apuntó con calma.

—No tiene caso, están muy lejos —le advirtió.

El hombre siguió adelante y, cuando estaba a punto de jalar el gatillo que incendiaría la pólvora, alguien detuvo su mano.

—No podemos desperdiciar los tiros —dijo.

*

Las sombras siguieron mostrándose y el ruido fracturó la noche. Ahí estaban los enemigos, se movían como arañas y lentamente construían las barricadas que cerraban las calles que rodeaban al palacio. No tenían prisa. Cuitláhuac sabía que los disparos no podían alcanzarlos. Su venganza era fría, absolutamente lenta. Los teúles tendrían que morir mil veces antes de que la descarnada se los llevara.

Mientras las piedras se amontaban, don Pedro los miraba. El movimiento de los enemigos era perfecto, seguramente los puentes que aislaban la ciudad ya estaban levantados. Cortés, por más que lo intentara, no podría llegar para salvarlos. La ratonera se había cerrado y su tiempo se agotaba.

—Todavía podemos huir —dijo uno de sus hombres.

Alvarado guardó silencio.

—No podemos —respondió después de un rato—, ellos nos alcanzarían y moriríamos todos.

No tenía caso decir una palabra más y se dio media vuelta. Apenas había dado unos pasos cuando la voz del soldado lo obligó a detenerse.

—Moctezuma puede ser nuestro salvoconducto —dijo.

Alvarado levantó los hombros. No podía hacer otra cosa antes de responderle.

—No lo sé, creo que ya nadie sabe cuánto vale su vida. Tenemos que resistir, don Hernán volverá pronto.

La mentira no amargó su boca. Él debía mantener la entereza de sus hombres, como fuera.

*

La inmovilidad llegó con el sol y el miedo empezó a roer el espinazo de los españoles. El día transcurrió lento y toda la noche estuvieron mirando a sus enemigos. Antes de que comenzara a clarear, los ojos les ardían como si se los hubieran lavado con agua de mar. Estaban cansados pero no podían abandonar sus puestos. Los cabeceos los derrotaban, aunque ellos trataban de enfrentarlos. Un instante de sueño sería suficiente para que los mexicas los atacaran.

Poco a poco comenzaron a organizarse. Algunos serían centinelas mientras que el resto dormiría a unos cuantos pasos, con las armas dispuestas. A ninguno le preocupó la luz,

241

el miedo y el cansancio les permitían ignorarla sin ponerse siquiera un trapo sobre los ojos. Don Pedro no pudo oponerse: cuando llegara el momento de la verdad, necesitaría a todos sus hombres en las mejores condiciones.

*

La noche transcurría sin novedades. Los enemigos no se observaban en las barricadas y el silencio era espeso. Uno de los centinelas comenzó a estirarse. Las horas que había estado mirando a la nada habían entumido su cuerpo. Se levantó y dejó su arma recargada en uno de los muros. Se quitó el yelmo y frotó su rostro. Volvió a estirarse.

Un zumbido rasgó la mudez. No pudo gritar, la flecha se clavó en su pecho.

El ruido de la caída despertó a todos. Algunos corrieron hacia los muros y comenzaron a disparar hacia la oscuridad. Otros se acercaron al herido, su respiración se entrecortaba mientras su piel se volvía azulosa.

—¡Arráncasela! —gritó uno de los hombres.

Alguno obedeció y jaló la flecha. La mancha roja se extendió sin que nadie pudiera detenerla, un charco espeso comenzó a formarse bajo su coraza. El hombre arrojó el proyectil, le arrancó los cueros al metal y empezó a hurgarle la carne. Sin detenerse a pensar metió los dedos en la herida, pero la sangre se escurría entre ellos.

—Nos vamos a morir, todos nos vamos a morir —susurró el herido.

Alvarado llegó al lugar.

—¡Alto el fuego! —gritó al darse cuenta de que los tiros se perdían en la noche.

Los hombres obedecieron. Caminó hacia el herido.

—Nos vamos a morir, todos nos vamos a morir —repitió el hombre.

Don Pedro puso la mano en su cabeza antes de que el alma se le escapara por la boca. Cerró sus ojos sin pronunciar una plegaria. Dios los había abandonado.

—Todos nos vamos a morir, pero no aquí —dijo a sus hombres antes de volver sobre sus pasos.

*

La oscuridad se transformó en el territorio del mal. Un movimiento era suficiente para que las flechas encontraran su destino. Dos más perdieron la vida y los heridos crecían sin que nadie pudiera evitarlo. A cada instante, les revisaban la carne abierta. Los ojos buscaban los abscesos que anunciaban la llegada de la pus y las pupilas trataban de adivinar las llagas que nacerían del veneno. Las toscas suturas se convirtieron en su único asidero y las lesiones limpias no pudieron tranquilizarlos; las jícaras cada vez estaban más cerca de quedarse secas y las entrañas gruñían para exigir una comida más abundante. El susurro de la huida se apoderaba de todos y don Pedro no podía controlarlo: el castigo ejemplar provocaría un motín.

*

La lluvia no los espantó de sus puestos. Algunos la recibieron como si fuera una bendición, los yelmos se voltearon para recibir las gotas y matarse la sed. El sonido del agua que chocaba con el metal tranquilizó sus almas. Poco a poco volvieron a sus lugares, pero algo había cambiado: las barricadas estaban solas.

—¡Se fueron! —murmuró uno de los soldados.

Ninguno se atrevió a gritar, todos se acercaron al muro y la soledad les golpeó la mirada. Lentamente comenzaron a ponerse de pie sin miedo a la emboscada. Los ojos de don Pedro escrutaban la calle para tratar de descubrir el mal oculto. Nada, absolutamente nada.

—Vámonos —rogó uno de sus hombres.

Alvarado tenía que decidirse, ésa era su última oportunidad.

Cuando estaba a punto de dar la orden definitiva, un relincho se impuso al sonido de la lluvia.

—¡Allá, miren! —gritó un arcabucero.

Don Hernán y sus hombres se acercaban al palacio de Axayácatl. Las sombras avanzaban con lentitud y los ruidos de las herraduras comenzaron a oírse. Los sitiados se hincaron y los rezos brotaron.

Alvarado los dejó seguir hasta que el murmullo acompasado terminó.

—Quiten las piedras de la entrada —ordenó a sus soldados con una sonrisa. Dios no lo había abandonado, sólo lo había puesto a prueba.

*

La azotea quedó vacía, todos querían atestiguar la llegada de don Hernán. Los rostros ansiosos miraban hacia la calle. La barricada cayó y los caballos aparecieron delante de ellos. A cada instante la distancia que los separaba se hacía más pequeña y las caras de sus compañeros comenzaron a delinearse. Uno de los soldados que estaban en el palacio se hincó y levantó los brazos hacia el cielo; tenía que agradecer el milagro, pero una flecha le arrancó el alma.

V

Los gritos desgarraron el sonido de la lluvia. Las gotas se transformaron en piedras y los relámpagos en flechas. Los mexicas los atacaban desde las azoteas y en las calles los guerreros se enfrentaban a los españoles y sus aliados. Los charcos enrojecieron y los truenos enmudecieron por los aullidos que invocaban la venganza. Las armas no podían ser detenidas y abrían la piel de sus adversarios. Cada paso costaba vidas, cada carrera se convertía en heridas. El relincho de uno de los caballos erizó la piel de los teúles: las largas lanzas de los mexicas lo habían alcanzado y su jinete estaba en el piso. El peso de su armadura se convirtió en su enemigo; por más que lo intentó, no pudo levantarse. El golpe de la maza le partió el cráneo.

Los arcabuces empezaron a tronar desde la entrada del palacio, pero la lluvia los silenció después de la primera descarga. Las espadas reflejaban el brillo de la luna y las líneas de sangre brotaban de los cuerpos. La muerte estaba suelta. Los teúles corrían hacia su único refugio. Las amistades y las lealtades eran menos poderosas que el miedo y la emboscada. Cuitláhuac había dejado que los españoles se adentraran en Tenochtitlan. Quería matarlos a todos.

Cuando entró el último de los teúles, los defensores del palacio cerraron filas. Las manos ansiosas trataban de secar sus armas mientras sus labios maldecían la humedad que solidificaba la pólvora. De pronto, el silencio se impuso y los mexicas desaparecieron en la noche.

*

Don Hernán miró a la calle, sólo Dios sabía cuántos estaban tirados. La lluvia comenzó a menguar y el quejido de uno de sus hombres se le metió en el alma. Ahí estaba, apenas lo separaban unos pasos. Sus brazos se alargaban para tratar de tocarlo. La flecha clavada en el muslo no lo dejaba seguir avanzando. Los intentos para arrastrarse eran imposibles. El dolor lo frenaba y las líneas de sangre lo debilitaban a cada latido. Durante un instante, Cortés pensó en darle la espalda, el caído ya estaba más muerto que vivo, pero al final se contuvo. Con lentitud, pasó la mano por su rostro para tratar de limpiarse el agua y el sudor. No podía abandonarlo delante de sus compañeros; si lo hacía, la lealtad de sus hombres quedaría irremediablemente fracturada, todos descubrirían lo que ninguno debía saber: en el momento decisivo, cualquiera sería abandonado a su suerte.

—Ve por él —ordenó a uno de sus soldados.

El hombre dudó.

—Ve, no lo puedes abandonar… la cobardía es de españoles a medias, sólo los putos abandonan a los suyos —gritó don Hernán.

Todos escucharon la orden y asintieron sin pensar en las consecuencias. El soldado ya no tenía otra opción y avanzó hacia el caído. Sus primeros movimientos fueron medrosos, sus ojos trataban de desgarrar la negrura para descubrir a los enemigos. Nada encontraron. A cada paso su confianza se fortalecía. La noche había devorado a los mexicas. Llegó a su destino, se inclinó frente al herido y tomó su mano para ayudarlo a levantarse. Su brazo comenzó a tensarse y una flecha lo derribó sin que un grito pudiera salir de su garganta. El tiro fue mortal.

Cortés no bajó la mirada aunque los gritos del herido desgarraban sus oídos. Todas las opciones estaban canceladas: los caídos se morirían delante de ellos y sus fantasmas los perseguirían hasta el fin de los tiempos.

—Prepárense para resistir —dijo y se adentró en el palacio.

*

La llegada del sol fue terrible. El murmullo se apoderó del palacio de Axayácatl y los teúles comenzaron a asomarse para mirar lo que nunca debieron ver. Delante de ellos estaban los cuerpos de sus compañeros. Todos estaban decapitados y sus carnes habían sido destazadas. Los zopilotes los picoteaban y alzaban sus cabezas para deglutir después de zamarrear.

Uno de los soldados apuntó su arcabuz y disparó. El disparo le reventó el cuello al zopilote y los demás huyeron por el estallido. El sonido del batir de las alas era idéntico a las risas de los demonios.

—No los podemos dejar ahí, eso no es de cristianos —murmuró el soldado mientras levantaba su arma.

Sus compañeros sólo bajaron la mirada.

—¡Vamos! —insistió.

Cuando el silencio parecía volverse eterno, una mano se posó sobre su hombro.

—No podemos… eso es lo que quieren que hagamos —dijo uno de sus compañeros.

—No importa, los plomos pueden cubrirnos.

—Mejor reza por sus almas.

El soldado no podía decirle más. Si acaso lograban recuperar los cadáveres, la muerte los alcanzaría más rápido: la peste de la putrefacción se les metería en el cuerpo y los males los devorarían con las fiebres que nadie podría controlar.

*

La posibilidad de resistir se escapaba de sus manos. Todos los días los mexicas los atacaban cuando el cansancio los vencía, los ojos que los vigilaban desde los otros edificios y los parapetos siempre descubrían el instante preciso. Aquellos combates jamás fueron definitivos, sólo alargaban su agonía. Los gritos y las flechas resquebrajaban el sueño y les restregaban la imagen de la calaca. El tiempo se transformó en lodo podrido y los cadáveres de los teúles se acumulaban en el patio más lejano. Día a día, la pila se hacía más alta. Poco a poco, aquellos cuerpos se hincharon por el calor. Su piel tensa por los gases de la putrefacción comenzó a reventarse y los gusanos blancos brotaron de la carne. De nada servía que desearan quemarlos, en todo el palacio no había suficiente madera para lograrlo, tampoco podían arrojarlos por la azotea, cada cuerpo que cayera fortalecería a sus enemigos. La debilidad no podía ser revelada. Los heridos sólo miraban a la nada mientras murmuraban sus arrepentimientos. Aún les quedaba tiempo para que su dios los perdonara. El miedo a la muerte a filo de obsidiana ya estaba dentro de ellos y, para colmo de las desgracias, los males se apoderaron del palacio sin que nadie pudiera jalarles la rienda: uno de los negros que había llegado con Narváez tenía una fiebre ingobernable. Sus dientes chocaban y sus ojos se volvían globos blancos que contenían arroyos de sangre. Los paños húmedos que ponían en su frente se secaban en un santiamén y las pústulas llegaron a su cuerpo. La esperanza se había terminado.

*

Don Hernán lo miraba con furia y la voz de Alvarado se apagaba. A pesar de lo que había ocurrido, Cortés tenía que contenerse, ya llegaría el tiempo de las recriminaciones y los castigos.

—¿Cuánto tiempo nos queda? —preguntó.

—Poco, muy poco —respondió don Pedro.

Las explicaciones sobraban. Ahí, muy cerca de ellos, estaban los canastos casi vacíos y el olor de la podredumbre llegaba desde el patio.

—Todavía podemos retirarnos —susurró Alvarado.

Cortés sólo movió la cabeza y se golpeó el muslo.

—Cuitláhuac no es un pendejo, se está jugando la última carta.

—Pero...

—Pero ¿qué? —interrumpió Hernán.

—Somos más de los que éramos.

—Y ellos son miles.

Cortés avanzó hacia los canastos. Su mano tuvo que llegar muy lejos para sentir los granos. Se recargó en la pared y tocó su párpado. El temblor había regresado.

—Todavía podemos hacer algo... Dios aprieta pero no ahoga.

*

Moctezuma estaba sentado, sus ojos se clavaban en el piso hasta perderse en el polvo. A pesar de los combates seguía cautivo y los españoles no se rendían. El cuerpo le dolía y nada podía mitigar la tensión de los músculos engarrotados. El deseo de adentrarse en el temazcal era imposible. La verdad lo había alcanzado y le negaba piedad: su destino era incierto. Cuitláhuac terminaría con los teúles, pero él nunca volvería a sentarse en el trono de los jaguares. Todos estaban seguros de que era un cobarde, de que se había rendido sin levantar las armas y que no había tenido el valor de arrancarse la vida cuando lo encerraron como a un perro. Nadie comprendería sus planes; nadie, absolutamente nadie aceptaría que, a pesar de todo, su estrategia había sido la correcta.

Cuando Cortés y Malintzin entraron a la habitación, sus ojos se iluminaron, tal vez aún le quedaba una oportunidad. El lento rayo del poder tocó sus almas.

—Volviste… después de lo que ha pasado pensé que ya nunca nos encontraríamos —dijo.

La voz del soberano sonaba tranquila, pero en ella se adivinaba el olor de los cuerpos que reventaban en el patio.

Don Hernán se contuvo.

—Sí, aquí sigo —respondió mientras se sentaba delante de él.

Moctezuma tomó la jícara que estaba a su lado y se la ofreció. Sus movimientos no revelaban miedo. Cortés la rechazó mientras se llevaba el puño a la boca.

—¿Me traicionaste?

—No… tus hombres nos atacaron cuando estábamos desarmados. Tú ya lo sabes… ellos soltaron a la descarnada.

El soberano no mentía, cada una de sus palabras coincidía con lo que había escuchado durante los días más largos de vida.

—¿Y ahora?

—Nuestro destino está en manos de los dioses.

Aunque la voz de Moctezuma se oía absolutamente desconsolada, sus palabras sonaban como amenaza. Hernán lo miró, el soberano se enroscaba como una serpiente que se prepara para el ataque final.

—Tú puedes detenerlos —dijo Cortés.

—No… yo no puedo hacer nada… Ellos sólo quieren tu sangre.

Don Hernán permaneció en silencio. Se levantó y caminó por la habitación. Sus pasos eran lentos.

—Todavía podemos hacer algo —dijo al Tlatoani.

—¿Qué?

—Habla con tu gente, convéncelos de que nos dejen ir.

Moctezuma sonrió con desgano.

—No puedo… los dioses saben que no puedo.

—Convéncelos —reiteró don Hernán—, tú nos acompañarás y volverás con los tuyos cuando estemos cerca de Tlaxcala. La guerra tiene que parar, nosotros nos iremos para siempre. Te juro por Dios que nunca volveremos.

—No te engañes… Cuitláhuac nunca dejará que me vaya.

El estire y afloja siguió adelante durante muchas horas. Moctezuma era inflexible y se mostraba como el derrotado perfecto. Quería que Cortés le rogara.

*

Los gritos de los pregoneros que repetían las palabras incompresibles se oyeron durante un largo rato. Al principio le hablaban a la nada, ni siquiera las flechas les respondían con sus zumbidos mortales. Cuitláhuac los dejó seguir adelante. Poco a poco, los mexicas comenzaron a acercarse. Todos estaban armados y sus miradas se clavaban en la entrada del palacio. Antes de que el sol llegara al centro del cielo, las calles y la plaza estaban llenas.

Don Hernán se asomó con cuidado. Nadie debía verlo antes del momento definitivo. Sus ojos buscaban al hombre que le roía la sesera. Cuitláhuac no estaba delante de ellos, pero sus pupilas y su lengua se habían adueñado de todos. Cortés se jugaba las últimas cartas y no podía equivocarse. El as de espadas y el rey de oros tenían que acompañarlo hasta el fin de la partida. La tentación del arrepentimiento mordió su pecho, pero ya no podía retractarse. Se adentró en el palacio y llegó a la habitación de Moctezuma.

El soberano lo esperaba. Su cuerpo estaba limpio y sus ropas eran lejanas de las que había usado la primera vez que se encontraron. Moctezuma miraba la habitación buscando lo que nunca podría hallar: su penacho estaba desplumado y sus joyas se habían convertido en burdos lingotes.

—Ya es tiempo —dijo don Hernán y sus palabras fueron repetidas por Malintzin.

Moctezuma se levantó y comenzó a caminar hacia la azotea.

Nadie le abría el paso, ninguna escoba barría el piso y las manos que colocaban los tapetes virginales se habían esfumado. Sus plantas sentían el polvo y tuvo que detenerse para quitarse una pequeña piedra que se le encajó en el talón. A cada momento, la destrucción se le metía en los ojos. Los muros fracturados, el olor de los orines que se concentraba en las esquinas y la pestilencia del sudor añejo eran las cicatrices del palacio.

La escalera estaba delante de él. Antes de levantar la pierna se detuvo. Lentamente se tocó el rostro. Sus dedos recorrieron sus ojeras y huyeron de sus cabellos desarreglados. Sus súbditos nunca lo habían mirado de esa manera. Entre él y los muertos de hambre ya no había diferencia. Sin embargo, el anhelo de que su presencia los obligara a bajar el rostro era su único consuelo.

—Vamos —dijo Cortés.

El soberano dio el primer paso.

*

Moctezuma observó a los mexicas. Al principio, los ojos de sus súbditos buscaron el suelo, pero no pudieron quedarse quietos. El murmullo los obligó a levantarse. Las pupilas eran puñales que exigían venganza. Sus súbditos ya no le temían. Todo estaba perdido, pero el Tlatoani suspiró para convocar la poca fuerza que le quedaba. El aire volvió a llenarle el pecho y, antes de que pronunciara la primera palabra, un grito le robó la voz.

—¡Cobarde! — se oyó entre la multitud.

Durante un momento, el silencio se adueñó de la plaza.

—¡Perro! —gritó otro.

—¡Traidor! —aulló un tercero.

Las maldiciones se adueñaron del mundo. Moctezuma dio un paso atrás. Sus pies comenzaron a buscar la escalera. Tenía que huir, largarse. De pronto, una piedra cayó a su lado. Los españoles apuntaron a sus enemigos y dispararon. Muchos cayeron, pero los proyectiles de los mexicas también los hirieron.

Moctezuma bajó por la escalera. Su mano sentía la humedad que brotaba de su cabeza. No llegó muy lejos. Se quedó sentado en uno de los escalones. El temblor se adueñó de su cuerpo y las lágrimas se ahogaron en sus ojos.

*

Desde ese día Moctezuma quedó mudo y su mirada se extravió sin remedio. Ahí estaba, sentado en uno de los rincones, con los hombros caídos y la saliva seca en las comisuras. De nada servía que le hablaran y los gritos tampoco entraban en sus oídos. Sus manos temblaban, su piel era flácida como el cuero de los guajolotes y sus ojos se volvieron viscosos sin que nadie lo embrujara. Su desgracia no necesitaba las maldiciones de los hechiceros. La comida que le acercaban jamás era tocada y las moscas caminaban sobre ella sin que él las espantara. Su hígado se había secado para siempre y el valor estaba muerto en su cuerpo. El deseo del fin no salía de su sesera y lo atormentaba a cada instante: la suya no sería ya una muerte gloriosa, nunca se quedaría tirado en el campo de batalla para que su sangre fertilizara la tierra y tampoco sentiría el puñal que alimentaba a los dioses. Los nahuales nunca llegarían con la noche para desgarrarle la garganta: los que nada valen no merecen su presencia. Su fin sería el mismo de los cobardes y los perros, su alma jamás acompañaría al sol y vagaría eternamente para mostrarse en las calles oscuras.

*

La lluvia los obligó a decidirse. El momento había llegado. Los enemigos no se veían y una de las barricadas podía ser destruida con rapidez. En el palacio todos se movían. Las armas estaban listas y las alforjas con los lingotes colgaban sobre las ancas de los caballos. Los heridos que no tenían remedio fueron bendecidos y olvidados después de prometer lo que jamás se cumpliría. Ninguno de los suyos recibiría una onza dorada, los supervivientes se las repartirían sin recordar siquiera sus rostros.

Los hombres de don Hernán lo obligaron a levantarse y a empujones lo llevaron a la salida del palacio.

—De algo servirá —les dijo Cortés antes de tomar su lugar en la formación.

La luz del relámpago marcó el instante definitivo. Los teúles corrieron hacia la plaza y comenzaron a adentrarse en la calle que los llevaría a uno de los puentes. Los pasos de Moctezuma los retrasaban.

—¡Muévete!, ¡carajo, muévete, cabrón! —gritó uno de los teúles.

Moctezuma cayó y lo levantaron del cabello.

*

La orilla de la laguna estaba a unos pasos y el bramido de la guerra alcanzó a los teúles. Los hombres que estaban en la retaguardia trataron de resistir sin lograrlo. Todos comenzaron a huir. Necesitaban llegar al puente, tenían que cruzar las aguas para que los demonios no pudieran alcanzarlos. Los hombres que custodiaban a Moctezuma estaban a punto de abandonarlo, las órdenes de Cortés podían irse a la mierda con tal de conservar la vida.

—¡Mátalo! —grito uno de ellos.

El soldado desenfundó su puñal y se lo encajó en un costado. Sin saber por qué, lo siguieron arrastrando hasta que llegaron a la orilla del puente. El camino estaba cortado. Moctezuma volvió a caer sobre sus rodillas. Una patada lo derribó y su cuerpo cayó al lodo. Sus manos sintieron la humedad pastosa y trataron de aferrarse a ella. La descarnada llegaba, su imperio estaba herido de muerte.

Una nota para curiosos: la historia y la novela

Durante más de diez años, Moctezuma me ha persegui-do. Nuestro primer encuentro ocurrió en una brevísima novela que ha corrido con buena suerte; sin embargo, en aquellas páginas apenas se muestra y asume algunas de las características que inexorablemente se le otorgan.[1] Aunque desde que se publicó ese libro no he vuelto a asomarme a sus pliegos, estoy plenamente convencido de que no logré desentrañarlo: apenas era una sombra y su personaje fue engullido por uno de los vórtices que siempre lo atrapan. En cierto sentido, aquel hombre estaba fuertemente emparentado con el protagonista de los viejos libros escritos por Heriberto Frías,[2] el maravilloso escritor que nunca le tuvo buena ley, o quizás aún estaba unido a las obras decimonónicas que —a la manera de Manuel Orozco y Berra— lo convertían en el gran culpable de la caída de Tenochtitlan.[3]

---

1. *Vid.* José Luis Trueba Lara. *La ciudad sin nombre*. México, Alfaguara, 2015.

2. *Vid.* Heriberto Frías. *Biblioteca del Niño Mexicano*. México, Maucci Hermanos, 1899–1901. En especial pueden verse los volúmenes: *Hernán Cortés ante Moctezuma*, *La prisión de Moctezuma ó el último ultraje* y, por supuesto, *La piedra contra el emperador ó la sublimidad de un héroe*.

3. Manuel Orozco y Berra. *Historia antigua y de la conquista de México*. México, Porrúa, 1960, 4 v.

Lo que me sucedió en aquella novelita no es del todo extraño: el Tlatoani —salvo algunas obras excepcionales— continuamente es presentado como un hombre atrapado por las profecías, un cobarde que se rindió ante los invasores sin oponer resistencia, un traidor que merecería un juicio sumarísimo y una buena pedrada en la sesera.[4] Para colmo de las desgracias, el nacionalismo mexicano lo maldijo y prefirió a Cuauhtémoc, al *único héroe a la altura del arte.* Por si esto no fuera suficiente, los liberales decimonónicos lo vieron como un ejemplo del fanatismo y, para colmo de males, los conservadores lo asumieron como un idólatra al que nunca podía perdonarse o el bárbaro que fue derrotado por los hombres más civilizados.

Las obras de aquellos clionautas no eran las únicas que lo maldecían: cuando se revisan las palabras de los indígenas que fueron recuperadas por los sacerdotes tras la conquista de Tenochtitlan, la posibilidad de comprenderlo casi se vuelve agua. Ellos —quizá tratando de agradar a sus entrevistadores— le negaron la piedad y, por si eso no bastara, la derrota tal vez los marcó con los hierros del odio hacia el gobernante que no logró la victoria y tampoco se ganó una muerte a la altura de los mártires. El caído no merecía misericordia y sus triunfos debían ser negados a toda costa. Para los mexicas era fundamental explicar su derrumbe, por ello había que hallar un responsable: el Tlatoani era el personaje perfecto y por ello sólo lo pintaron como un hombre orgulloso que pretendió igualarse con los dioses. Moctezuma, visto desde esta perspectiva, parece un ser irredento que, a pesar de este defecto, dejó su impronta en esta novela.

A pesar de todo, su figura es omnipresente y en algunos

---

4. En el caso de Heriberto Frías, la pedrada corre por cuenta de Cuauhtémoc, lo cual es falso; mientras que en mi novela ocurre por obra del protagonista, lo cual —evidentemente— también es una mentira de cabo a rabo.

casos se ha unido al mito, al mesianismo que tiñe el mundo indígena: él —según lo señala Alfredo López Austin[5]— sigue mostrándose como una posibilidad de redención. Montezuma, Moctezuma, Montizón o Santozoma continúan vivos y, en más de una ocasión, han alimentado las rebeliones indígenas desde los tiempos de la Colonia.

Es cierto: a lo largo de estos años Moctezuma me ha estado dando vueltas en la cabeza sin que las piezas se acomodaran el todo. No fue sino hasta que me topé con la biografía escrita por Michel Graulich[6] cuando su historia comenzó a cobrar sentido. Esta novela está en deuda con el historiador francés; sin embargo, en muchos momentos me separé de sus ideas para tomar otros rumbos sin tratar de enmendarle la plana. Este libro es una novela, aquél es una sólida obra de historia. Esta última afirmación es importante: si bien es cierto que muchos de los sucesos y las prácticas que se narran en este libro están unidas con el pasado, también lo es que la ficción es su sello distintivo. Esta novela se nutre de la historia, pero no es una historia en estricto sentido. Algo del pasado puede conocerse en sus páginas, pero la historia absolutamente verdadera está en otro lado y, tal vez, aún no se ha escrito.

Tras la lectura del libro de Graulich me sentí listo para comenzar a trabajar en esta novela, aunque todavía me quedaba un problema por resolver: ¿cómo debía contarla? Por alguna razón que no alcanzo a comprender del todo, la Malinche comenzó a meterse en mi cabeza. Entonces decidí que ella también debía dar su versión de los hechos y entrelazar su historia con la de Moctezuma. Aparentemente, el problema estaba resuelto, pero la verdad es que me había metido en un conflicto más grande: en la primera versión de estas páginas, ambas

5. Alfredo López Austin. *Las razones del mito. La cosmovisión mesoamericana*. México, Era, 2015; *vid.* pp. 138ss.

6. Michel Graulich. *Moctezuma. Apogeo y caída del imperio azteca*. México, Era, 2014.

historias se unían, pero, gracias a la cuidadosísima lectura de Laura Lara, terminaron separándose.

*

Como ya lo he hecho en la mayoría de mis novelas y mis cuentos, en esta ocasión también trato de dar cuenta de mis *verdades* y mis invenciones: los detalles del parto de Xochicuéyetl —además de una serie de fuentes clásicas imprescindibles—[7] provienen de un ensayo donde Berenice Alcántara Rojas da cuenta de los rituales de embarazo y el alumbramiento entre los nahuas y los mayas del Posclásico.[8] El uso de la herbolaria y la cola de tlacuache casi fue transcrito del *Libellus de medicinalibus indorum herbis* de Martín de la Cruz,[9] mientras que los rituales de *circuncisión*, el entierro de la placenta de Xochicuéyetl y el sangrado de los lóbulos del recién nacido están tomados de un libro de Patrick Johansson K.[10] Por su parte, el significado del nombre de Moctezuma lo tomé de la obra clásica de Diego Muñoz Camargo.[11]

7. Bernardino de Sahagún. *Historia general de las cosas de Nueva España.* México, Porrúa, 2006; Diego Durán. *Historia de las Indias de la Nueva España e islas de tierra firme.* México, Conaculta, 2005, 2v; Juan de Torquemada. *Monarquía indiana.* México, UNAM, 1977; Hernando de Alvarado Tezozómoc. *Crónica Mexicáyotl.* México, UNAM, 1992; Toribio de Benavente (Motolinia). *Memoriales.* México, UNAM, 1971; Bernal Díaz del Castillo. *Historia verdadera de la conquista de la Nueva España.* México, Porrúa, 1984, y Hernán Cortés. *Cartas de relación.* México, Porrúa, 1992.

8. Berenice Alcántara Rojas. "*Miquizpan.* El momento del parto, un momento de muerte. Prácticas alrededor del embarazo y parto entre nahuas y mayas del Posclásico", en: *Estudios Mesoamericanos.* México, UNAM, n° 2, julio-diciembre de 2000, pp. 37ss.

9. Martín de la Cruz. *Libellus de medicinalibus indorum herbis.* México, Fondo de Cultura Económica/Instituto Mexicano del Seguro Social, 1996, 2v.

10. Patrick Johansson K. *Xochimiquiztli. La muerte florida. El sacrificio humano entre los antiguos nahuas.* México, McGraw Hill, 2005, 2v.

11. Diego Muñoz Camargo. *Historia de Tlaxcala.* Madrid, Dastin, 2003.

La idea del uso de los regalos como demostración de poder y ofensa se me ocurrió tras la lectura de un libro de Óscar Moisés Torres Montúfar.[12] Asimismo, confieso que hice por lo menos un par de trampas: según la fecha *oficial* de su nacimiento, Moctezuma llegó a este mundo un par de años antes de que Axayácatl ascendiera al trono. Sin embargo, mi decisión de cambiar el año —en principio sólo marcada por lo narrativo— quizá pueda tener algo de verdad, pues Michel Graulich sostiene que la elección del año 1 Caña para su nacimiento bien podría ser falsa y estar vinculada con otro tipo de asuntos.[13] Por último, la historia de Viento de la Noche es otra de mis invenciones, aunque lo poco que se dice sobre Chalchiuhnenetzin es casi verdadero.

Los hechos que se narran sobre la estancia de Moctezuma en el calmecac, aunque en términos históricos no están directamente relacionados con la vida del personaje —pues nada o casi nada sabemos sobre el tiempo que él permaneció en esta institución— es muy probable que tengan cierta verosimilitud. En este caso, la principal fuente que seguí fue un ensayo de Pablo Escalante Gonzalbo;[14] sin embargo, es necesario aclarar que Tonahuac es un personaje de mi absoluta invención, aunque la posibilidad de que un macehual entrara al calmecac debido a sus virtudes en el campo de juego no es del todo descabellada.[15] Los hechos de la guerra contra los tlatelolcas también son casi verdaderos: el conflicto ocurrió y las

---

12. Óscar Moisés Torres Montúfar. *Los señores del oro. Producción, circulación y consumo de oro entre los mexicas.* México, INAH, 2015.

13. Michel Graulich. *Op. Cit.*, pp. 74-75.

14. Pablo Escalante Gonzalbo. "La etapa indígena", en: Dorothy Tanck de Estada (coord.). *La educación en México.* México, El Colegio de México, 2011, pp. 19ss.

15. *Vid.* William L. Fash y Barbara W. Fash. "Apuesta, guerra ritual e identidad en el juego de pelota de Mesoamérica", en: María Teresa Uriarte (ed.). *El juego de pelota mesoamericano. Temas eternos, nuevas aproximaciones.* México, UNAM, 2015.

escenas de canibalismo que lo antecedieron pueden ser reales,[16] aunque las fechas y algunos de aquellos sucesos fueron modificados en aras de la novela, algo muy parecido a lo que hice con el asesinato del Señor de Xochimilco.[17]

Los acontecimientos que se cuentan a partir de la muerte de Axayácatl y hasta el ascenso al trono de Tízoc, además de nutrirse de las fuentes clásicas a las que ya me he referido, están profundamente vinculados con otros libros: las obras de Ximena Chávez Balderas y Óscar Moisés Torres Montúfar[18] continuaron firmes para guiarme, y a ellas se sumaron un texto de Miguel León-Portilla[19] y un ensayo de Felipe Solís Olguín que me permitieron completar el panorama.[20] Vale la pena señalar que la historia del envenenamiento de Tízoc, aunque no está plenamente comprobada, bien puede ser cierta: cuando lo menos así lo sería si le creemos a Diego Durán[21] y a varios investigadores recientes. La presencia de Yólotl —otra de mis invenciones— y el papel que en el asesinato de Tízoc y sus seguidores jugaron los guerreros es absolutamente indemostrable, sólo obedece a mi imaginación. Lo mismo sucede con el hecho de calificar a Tízoc como un gobernante cobarde y pelele, pues tampoco existe ninguna prueba firme que lo avale. Sin

16. *Vid.* Michel Graulich. *El sacrificio humano entre los aztecas.* México, Fondo de Cultura Económica, 2016, pp. 430-431.

17. *Vid.,* entre muchos otros: Jacques Soustelle. *La vida cotidiana de los aztecas en vísperas de la conquista.* México, Fondo de Cultura Económica, 2014, pp. 163.

18. Ximena Chávez Balderas. *Rituales funerarios en el Templo Mayor de Tenochtitlan.* México, Instituto Nacional de Antropología e Historia, 2007, y Óscar Moisés Torres Montúfar. *Op. cit.*

19. Miguel León-Portilla. *Aztecas-Mexicas. Desarrollo de una civilización originaria.* Madrid, Algaba, 2005.

20. Felipe Solís Olguín. "Historias de familia: los ancestros de Moctezuma II", en: Leonardo López Luján y Colin McEwan (coords.). *Moctezuma II. Tiempo y destino de un gobernante.* México, Instituto Nacional de Antropología e Historia, 2010, pp. 25 ss.

21. Diego Durán. *Op. Cit.*

embargo, la posibilidad que muestro en esas páginas no me parece del todo descabellada, es posible que los militares y algunos sacerdotes participaran en este asesinato, si es que acaso ocurrió y fray Diego tiene razón. Una ausencia notoria en este capítulo es Tlacaélel, confieso que preferí casi eclipsarlo, pues su fuerza podría oscurecer a los demás personajes. Él —sin duda alguna— merecería un libro grande y poderoso para contar su vida.

A pesar de aquellas *verdades*, la mayor parte de lo que se cuenta sobre Moctezuma en el capítulo dedicado a los tiempos de Tízoc es una invención de la que sólo yo soy responsable. La razón que explica esta decisión arriesgada es simple, brutal y reiterativa: casi nada sabemos sobre el Tlatoani durante sus años en el calmecac, sobre sus reacciones ante la muerte de su padre y acerca de sus acciones durante el señorío de su tío. En aquellos años, el pasado se muestra como una oscuridad impenetrable que me obligó a tomar decisiones sin asideros, pues la información sobre la vida y los hechos de Moctezuma —por lo menos desde la perspectiva que nos otorgan la obra de Michel Graulich y las de otros investigadores— comienza a notarse a partir del reinado de Ahuízotl.

Las páginas dedicadas al reinado de Ahuízotl —que largamente se detienen en la descripción de la guerra y los sacrificios— no sólo se alimentaron de la obra de Graulich, pues en ellas están las marcas de dos libros que fueron publicados hace poco tiempo: *Xipe Tótec. Guerra y regeneración del maíz en la religión mexica*, de Carlos Javier González[22] y *Cacería, sacrificio y poder en Mesoamérica*, de Guilhem Olivier.[23] Las razones que

22. Carlos Javier González. *Xipe Tótec. Guerra y regeneración del maíz en la religión mexica*. México, Fondo de Cultura Económica / Instituto Nacional de Antropología e Historia, 2015.

23. Guilhem Olivier *Cacería, sacrificio y poder en Mesoamérica. Tras las huellas de Mixcóatl, "Serpiente de Nube"*. México, Fondo de Cultura Económica/ Universidad Nacional Autónoma de México/Fideicomiso Felipe Teixidor y Monserrat Alfau de Teixidor/Centro de Estudios Mexicanos y Centroamericanos, 2015.

me llevaron a incluir algunas de las ideas que se contienen en estas obras no sólo se deben a su indudable valía, pues este último autor ha sido una presencia definitiva en cada uno de mis trabajos durante los últimos años. Supongo que su aparición en mis páginas no lo llenará de orgullo, sin duda él merecería algo mejor.

Por lo que se refiere a las páginas dedicadas a Moctezuma que cierran la segunda parte, la obra de Graulich continuó siendo mi principal acompañante, aunque he de confesar que las conjuras en la corte de Tenochtitlan y las muertes de los sacerdotes son de mi absoluta invención, algo parecido a lo que ocurre con la participación y el asesinato de los hijos de Ahuízotl: Tlacahuepan y Macuil sí existieron y según algunas fuentes tuvieron un triste final; sin embargo, la historia de su asesinato poco o nada tiene que ver con la historia real.

En la tercera parte de esta novela, también seguí los pasos Graulich, aunque me distancié de su obra para crear un Nezahualpilli bastante alejado de la historia. Si bien es cierto que los hechos de la campaña contra Tlaxcala son más o menos verdaderos, las razones que los animan son de mi total invención, salvo en el caso de la historia de Vulva de Jade, la cual fue originalmente escrita por el siempre sospechoso Fernando de Alva Ixtlilxóchitl, pues sus páginas inexorablemente apuestan a favor de Texcoco y en contra de los mexicas.[24] A ciencia cierta se ignora si los amoríos de la hija de Axayácatl son comprobables más allá del probable cotilleo de Ixtlilxóchitl; sin embargo, son maravillosos y sin duda debían formar parte de esta novela.

En los últimos tramos de esta novela me enfrenté con un nuevo problema: la imagen de Hernán Cortés. Al principio tuve la tentación de seguir los pasos de uno de sus biógrafos heterodoxos, Christian Duverger.[25] Sin embargo, al cabo de

---

24. *Vid*. Fernando de Alva Ixtlilxóchitl. *Obras históricas*. México, Universidad Nacional Autónoma de México, 1975, 2 v.

25. Christian Duverger. *Cortés*. México, Taurus, 2010.

un rato, desistí de esta posibilidad y preferí una perspectiva mucho más serena, el libro de José Luis Martínez que siempre se muestra como un fiel compañero.[26] A pesar de esta elección, confieso que abandoné a don José Luis en muchos momentos, la idea de que el conquistador no comprendía el mundo recién hallado y actuaba bajo el amparo de la suerte es mía. Efectivamente, no tengo manera de comprobar si esta intuición es verdadera y cada una de sus palabras está sostenida por una creencia que sólo buscaba abonar la novela.

Las profecías que se narran en estas páginas tienen distintos orígenes: la inmensa roca que vence los deseos del Tlatoani está tomada de la obra de Diego Durán,[27] los cielos iluminados provienen de Alva Ixtlilxóchitl[28] y las desgracias que ocurrieron en los templos de Huitzilopochtli y Tzonmolco —al igual que el cometa y las aguas hirvientes— fueron tomados del *Códice florentino*. Además de estas fuentes clásicas, en esta sección fue de gran utilidad un espléndido ensayo de Patrick Johansson: "Presagios del fin de un mundo en textos proféticos nahuas".[29] Evidentemente, el peso que se les da a estos augurios es mucho mayor del que tal vez tuvieron, pues hoy sabemos que la mayoría de ellos —por no decir que la totalidad— están profundamente unidos con las imágenes del cristianismo, justo como lo señaló Diana Magaloni Kerpel en *Albores de la Conquista*.[30]

Es importante señalar que en la historia de Nezahualpilli me tomé muchas libertades y torcí una buena parte de los

26. José Luis Martínez. *Hernán Cortés*. México, Fondo de Cultura Económica / Universidad Nacional Autónoma de México, 1992.

27. Diego Duran. *Op. Cit.*

28. Fernando de Alva Ixtlilxóchitl. *Op. Cit.*

29. Patrick Johansson K. "Presagios del fin de un mundo en textos proféticos nahuas", en: *Estudios de Cultura Náhuatl*, enero-junio de 2013, n° 45, pp. 69-147.

30. Diana Magaloni Kerpel. *Albores de la Conquista. La historia pintada del Códice Florentino*. México, Artes de México/Secretaría de Cultura, 2016.

hechos: en estas páginas, la muerte del Soberano de Texcoco y el levantamiento en armas de su hijo casi ocurren en paralelo a la llegada de los españoles comandados por Cortés; sin embargo, esto jamás ocurrió. Nezahualpilli murió algunos años antes de que don Hernán llegara a Mesoamérica.

En términos generales, la narración del avance de Cortés, de su llegada a la capital mexica, de las tensiones y los enfrentamientos entre los líderes mexicas, de la captura de Moctezuma y los momentos que anteceden a la huida de Tenochtitlan siguen las historias que se narran en las fuentes clásicas que ya he mencionado; sin embargo, en cada una de sus páginas hay invenciones, torceduras y creaciones que sólo son resultado de mi imaginación. Y exactamente lo mismo ocurre con la versión de la muerte del soberano; ella, si bien se acerca a lo señalado en algunas de aquellas obras, es casi de mi factura. No está por demás recordar lo que ya he dicho: éste no es un libro de historia, sólo es una novela que se nutre de la historia.

*

Al igual que en mis libros anteriores, no puedo dejar de señalar a algunas de las personas que fueron definitivas en el nacimiento de estas páginas. La llamada telefónica y el desayuno con Laura Lara —una maravillosa editora que tiene la extraña costumbre de leer los manuscritos que publicará— me dio la certeza de que debía emprender la escritura de una novela que me anduvo dando vueltas en la cabeza durante casi una década. Volver a trabajar con ella después de *La derrota de Dios* y *La conspiración* era fundamental. Asimismo, el reencuentro con Guadalupe Ordaz me dio la seguridad de que llegaríamos a buen puerto: su incapacidad para olvidarme no tiene precio y exactamente lo mismo ocurre con su trato fraternal. Sin ellas, estas páginas no existirían.

A pesar de su importancia, la presencia de Laura y Guadalupe no fue lo único que hizo posible esta novela: Margarita de Orellana y Alberto Ruy Sánchez —gracias al maravilloso cobijo de Artes de México— también están en estas palabras. Por último, la presencia de Patty y Demián nuevamente fue definitiva: la certeza de que ellos estaban cerca, de que un beso podía romper las tinieblas, de que sus palabras son capaces de curar todos los males y los miedos fue absolutamente crucial para este proyecto. Sin ellos, me habría extraviado y mis días habrían sido devorados por la más siniestra de las oscuridades. Si algo queda de mí, sólo se debe a ellos.

José Luis Trueba Lara
Verano de 2016-primavera de 2017

Una brevísima cronología de los hechos "reales"

AÑO	EL MUNDO MEXICA	LOS PERSONAJES
ca. 1100	Un grupo nómada parte de la mítica Aztlán guiado por su principal deidad: Mexi o Huitzilopochtli.	
1165	Los mexicas celebran el Fuego Nuevo en Coatepec.	
ca. 1200	Comienzan las invasiones chichimecas en la zona central de Mesoamérica.	
1216	Los mexicas se establecen en Zumpango y tratan de fundar su casa gobernante.	
1217	Los mexicas celebran el Fuego Nuevo en Apaxco.	
1269	Los mexicas celebran el Fuego Nuevo en Tecpayocan.	
ca. 1280	Los mexicas llegan a Chapultepec. Allí permanecen durante casi veinte años. Los tepanecas de Azcapotzalco detentan la hegemonía en el Valle de México: el señorío de Culhuacan es su tributario.	
1299	Los mexicas son expulsados de Chapultepec, llegan a Culhuacan y son enviados a Tizapán. El propósito era que las serpientes terminaran con ellos, pero los mexicas las devoran.	
1323	Los mexicas piden al Señor de Culhuacan una hija para convertirla en la personificación de la diosa Yaocíhuatl. La joven es sacrificada y el Señor de Culhuacan los expulsa de Tizapán.	
1325	Fundación de Tenochtitlan. El gobernante Tenoch divide la ciudad en cuatro barrios.	

ca. 1337	Fundación de Tlatelolco por parte de un grupo escindido de los mexicas.
ca. 1340	Fundación de los señoríos tlaxcaltecas.
1363	Muere Tenoch.
ca. 1371	Los tepanecas de Azcapotzalco aumentan sus dominios en el Valle de México. Los mexicas combaten a su lado.
ca. 1375	Los mexicas obtienen su primer Tlatoani del linaje de Culhuacan.
1375	Inicia el reinado de Acamapichtli.
	Se inicia la construcción del templo de Huitzilopochtli.
	Los mexicas continúan pagando tributo al Señor de Azcapotzalco y luchan con sus tropas como aliados forzosos.
	Acamapichtli conquista Xochimilco, Mízquic, Cuitláhuac y Cuauhnáhuac para el Señor de Azcapotzalco.
1396	Inicia el reinado de Huitzilíhuitl.
	Huitzilíhuitl se casa con la hija del Señor de Azcapotzalco.
	Huitzilíhuitl, siguiendo las ideas de su hijo Chimalpopoca, construye un acueducto de Chapultepec a Tenochtitlan.
	Huitzilíhuitl se casa con la hija del Señor de Cuauhnáuac y abre una ruta comercial con esa región de Mesoamérica.
1417	Inicia el reinado de Chimalpopoca.
1418	Las tropas de Azcapotzalco vencen a Texcoco.
1426	El nuevo Señor de Azcapotzalco ordena el asesinato de Huizilíhuitl.

1427	Inicia el reinado de Izcóatl.
	Moctezuma Ilhuicamina, Tlacaélel y Netzahualcóyotl se suman a Izcóatl para derrotar al Señor de Azcapotzalco.
	Izcóatl dicta una serie de medidas que profundizan las diferencias entre nobles y plebeyos, al tiempo que centralizan el poder, reorganizan la administración pública. Asimismo, gracias a estas acciones, se propagan y fortalecen la ideología militarista y el clero, al tiempo que derivan las jerarquías y los beneficios de los méritos militares.
1428	Formación de la Triple Alianza por Tenochtitlan, Texcoco y Tlacopan.
	Las tropas de la Triple Alianza vencen a los guerreros del Señor de Azcapotzalco.
	En Tenochtitlan se organiza el Estado y se crean distintos consejos para apoyar al huey tlatoani, uno de estos consejos tiene la función de elegir al huey tlatoani.
¿?	Izcóatl, siguiendo el consejo de Tlacaélel, ordena la quema de los libros de historia para reescribir el pasado de los mexicas.
	Durante el reinado de Izcóatl, los mexicas conquistan veinticuatro pueblos, entre otros, los señoríos de Cuitláhuac, Cuauhnáuac, Tlacho, Yohuallan, Cuauhquechollan e Itzocan.

1440	Inicia el reinado de Moctezuma Ilhuicamina.	Moctezuma Ilhuicamina es bisabuelo de Moctezuma II.
	Durante el reinado de Moctezuma Ilhuicamina, los mexicas conquistan 33 pueblos; entre otros, los señoríos de Chalco-Amaquemecan, Tepeaca, Ahuilizapan, Xilotepec, Zimapan, Cuetlaxtlan, Chalchuihcueyehcan y Coixtlahuacan.	
	Moctezuma Ilhuicamina establece las guerras floridas en contra de los señoríos tlaxcaltecas y de Huejotzingo.	
	Con el apoyo de Nezahualcóyotl se construye el acueducto de Chapultepec.	
¿?	Moctezuma Ilhuicamina envía una expedición en busca del mítico Aztlán.	
1450-1454	Una larga sequía ocurre en el Valle de México.	
¿1467?		Nace Moctezuma II.
1469	Inicia el reinado de Axayácatl.	Axayácatl es padre de Moctezuma II.
	Durante el reinado de Axayácatl, los mexicas conquistan 37 pueblos.	
1473	Tenochtitlan conquista Tlatelolco.	
	Una vez que se ha logrado la incorporación de Tlatelolco, Axayácatl emprende una campaña militar contra los señoríos mazahuas, matlatzincas y otomíes.	
1478	Axayácatl emprende una campaña contra los purépechas. La expedición se convierte en un fracaso.	
1481	Inicia el reinado de Tízoc.	
	Durante el reinado de Tízoc, los mexicas conquistan catorce pueblos.	
1485		Nace Hernán Cortés.

1487	Inicia el reinado de Ahuízotl.	Ahuízotl es tío de Moctezuma II.
	Ahuízotl intenta construir un acueducto de Coyoacán a Tenochtitlan y lograr un nivel uniforme en el lago.	
	Inauguración del Templo Mayor de Tenochtitlan.	
	Durante el reinado de Ahuízotl, los mexicas conquistan 45 pueblos.	
1499		Cortés asiste a la Universidad de Salamanca.
ca. 1500		Nace Malintzin.
1502	Tenochtitlan sufre una gran inundación a causa del fracaso de las obras emprendidas por Ahuízotl. Según algunas fuentes, durante esta inundación sufre un golpe que causará su muerte; aunque según otras, él muere envenenado por sus enemigos.	
	Durante el reinado de Moctezuma II, los mexicas conquistan 44 pueblos.	Inicia el reinado de Moctezuma II.
	Al igual que Izcóatl, Moctezuma II dicta una serie de medidas que profundizan las diferencias entre nobles y plebeyos, al tiempo que centralizan el poder, reorganizan la administración pública. Asimismo, gracias a estas acciones, se propagan y fortalecen la ideología militarista y el clero, al tiempo que derivan las jerarquías y los beneficios de los méritos militares.	
1502-1504	Una larga sequía afecta a una parte de Mesoamérica.	
1503	Los mexicas realizan campañas en el territorio que actualmente ocupa el estado de Oaxaca.	

1504	Los mexicas lanzan una gran ofensiva en contra de las comunidades que se localizaban en el actual territorio de los estados de Puebla y Tlaxcala.	Cortés llega a Santo Domingo y como soldado participa en la pacificación de la isla.
1505-1507	Los mexicas realizan campañas en el territorio que en la actualidad ocupa el estado de Oaxaca.	
1507	Los mexicas celebran por última vez el Fuego Nuevo.	
1508-1509	Los mexicas realizan campañas en el territorio que en la actualidad ocupa el estado de Oaxaca y sufren algunas derrotas en el Valle de Puebla.	
1511	Naufragio de un navío español en las costas de Yucatán, entre los supervivientes están Gonzalo Guerrero y Jerónimo de Aguilar.	Cortés se une a las tropas de Diego Velázquez y participa en la conquista de Cuba.
1511-1512	Los mexicas realizan campañas en el territorio que ahora ocupa el estado de Oaxaca.	
ca. 1514		Cortés se casa con Catalina Xuárez Marcaida.
1515	Enfrentamientos entre los tlaxcaltecas y los huejotzincas.	Muere Nezahualpilli.
1517	Sale de Cuba la expedición de Francisco Hernández de Córdoba. Los españoles descubren la Península de Yucatán y llegan a Champotón. En este lugar enfrentan un combate adverso antes de seguir a Florida. Es probable que Moctezuma II haya tenido noticias de este acontecimiento.	
1517-1518	Reinicia la guerra entre Huejotzingo y Tenochtitlan.	
1518	Sale de Cuba la expedición de Juan de Grijalva y recorre una parte de las costas del Caribe y el Golfo de México. Es probable que Moctezuma II haya tenido noticias de este acontecimiento.	Diego Velázquez nombra a Cortés como capitán de la nueva expedición que partirá hacia Mesoamérica.

1519	Cortés y su flota arriban a las costas de Mesoamérica.
	Batalla de Cintla.
	Cortés recibe a Malintzin en el actual territorio de Tabasco.
	Cortés y su flota arriban a las costas de Veracruz.
	Fundación de la Villa Rica de la Vera Cruz.
	Los mensajeros de Moctezuma II se encuentran con Cortés y le entregan regalos.
	Cortés barrena sus naves.
	Cortés pacta una alianza con el cacique gordo de Cempoala.
	Las tropas de Cortés se enfrentan con los tlaxcaltecas.
	Cortés pacta una alianza con los tlaxcaltecas.
	Pedro de Alvarado y Vázquez de Tapia intentan llegar a Tenochtitlan.
	Cortés y sus tropas llegan a Cholula.
	Matanza de Cholula.
	Cortés llega a Tenochtitlan y es recibido por Moctezuma II.
	Moctezuma II es tomado prisionero por Cortés.

1520	Llega la expedición de Narváez a la costa.	
		Cortés sale de Tenochtitlan para enfrentar a Narváez y sus tropas.
	Pedro de Alvarado perpetra la masacre del Templo Mayor.	
		Cortés derrota a Narváez.
		Cortés vuelve a Tenochtitlan.
	Inicia el reinado de Cuitláhuac.	Muere Moctezuma II.
1521	Inicia el reinado de Cuauhtémoc.	
	Tenochtitlan es tomada por los españoles y sus aliados.	
1527		Muere Malintzin.
1547		Muere Cortés.

Índice

Esta obra se imprimió y encuadernó
en el mes de septiembre de 2018,
en los talleres de Impregráfica Digital, S.A. de C.V.,
Av. Coyoacán 100-D, Col. Del Valle Norte,
C.P. 03103, Benito Juárez, Ciudad de México.